Mosaik
bei GOLDMANN

Buch

Der Schlüssel zum Erfolg liegt in diesem Buch – geschrieben von einem der erfolgreichsten Autoren unserer Zeit. Alles, was man braucht, um die kühnsten Träume wahr werden zu lassen, ist der Wille, diesen Schlüssel auch zu benutzen, und die Chancen, die das Leben bietet, zu erkennen. Mit verblüffend einfachen Botschaften und griffigen Tipps programmiert Carr seine Leser auf Erfolg und weist ihnen den einfachen Weg zu Zufriedenheit, Wohlstand und Anerkennung. Er räumt auf mit falschen Vorstellungen von Erfolg, krankhaftem Ehrgeiz, Geldgier und rastlosem Getriebensein und hilft dem Leser herauszufinden, was Erfolg für ihn persönlich bedeutet.

Autor

Allen Carr wurde mit der Entdeckung seiner Methode, mit dem Rauchen aufzuhören, über Nacht zum Erfolgsstar. Er gab seinen Job als Wirtschaftsprüfer auf und beschäftigt sich seither damit, Menschen auf sanfte, aber erfolgreiche Weise zu helfen, Suchtfallen zu entkommen. Durch den großen Erfolg seiner Methode erlangte der Brite Allen Carr internationales Ansehen. Inzwischen gibt es weltweit Carr-Standorte mit speziell ausgebildeten Trainern.

Von Allen Carr außerdem bei Mosaik bei Goldmann:

Endlich Nichtraucher! (13664, 16401)
Endlich Nichtraucher! Mit 2 CDs (16381)
Für immer Nichtraucher! (16293)
Endlich Nichtraucher – für Frauen (16542)
Endlich Wunschgewicht! (16117)
Endlich fliegen ohne Angst! (16288)
Endlich ohne Alkohol! (16503)
Endlich frei von Sorgen! (16433; 16740)
Nichtraucher-Tagebuch (16682)

Allen Carr
Endlich erfolgreich!

Der einfache Weg,
sein Glück zu machen

Aus dem Englischen von
Gabriele Zelisko

Die Ratschläge in diesem Buch sind von Autor und Verlag sorgfältig erwogen und geprüft, dennoch kann eine Garantie nicht übernommen werden. Eine Haftung des Autors bzw. Verlags und seiner Beauftragten für Personen-, Sach- und Vermögensschäden ist ausgeschlossen.

Verlagsgruppe Random House FSC-DEU-0100
Das für dieses Buch verwendete FSC-zertifizierte Papier *Munken Print*
liefert Arctic Paper Munkedals AB, Schweden.

3. Auflage
Originalausgabe April 2004
© 2004 der deutschsprachigen Ausgabe
Wilhelm Goldmann Verlag, München,
in der Verlagsgruppe Random House GmbH
© 2003 Allen Carr's Easyway (International) Limited
Originaltitel: Allen Carr's Easyway to Be Successful
Umschlaggestaltung: Design Team München
Umschlagillustration: Zefa/Bell
Redaktion: Dunja Reulein
Satz: Filmsatz Schröter, München
Druck und Bindung: GGP Media GmbH, Pößneck
Kö/ue · Herstellung: Ina Hochbach
Printed in Germany
ISBN 10: 3-442-16432-X
ISBN 13: 978-3-442-16432-5

www.goldmann-verlag.de

Inhalt

Einführung 7

Kapitel
 1 Was ist Erfolg? 9
 2 Das Rezept für Erfolg 15
 3 Unser Potenzial 21
 4 Sein Ziel finden 25
 5 Das Leben ist eine Lotterie 29
 6 Und wie machen Sie Ihre Sache? 35
 7 Die Messlatte 41
 8 Die entscheidende Frage 45
 9 Die landschaftlich schöne Strecke 51
10 Die richtige Einstellung zum Leben 57
11 Entscheidungen treffen 67
12 An sich selbst glauben 73
13 Die eigenen Grenzen akzeptieren 77
14 Die Richtung festlegen 83
15 Krisenbewältigung 87
16 Die Realität des Erfolgs 93

Register 101
Allen Carr's Easyway informiert 104

Einführung

Eine ganze Weile zögerte ich, ob ich dieses Buch wirklich *Endlich erfolgreich!* nennen sollte. Ich blicke zurück auf all die Jahre, in denen ich mich abgemüht hatte, die großen Felsbrocken zu überwinden, die auf meinem Weg zu liegen schienen und es mir unmöglich machten, glücklich und zufrieden zu sein. Eigentlich hätte ich stolz auf mich sein können, weil ich alles erreicht hatte, um nach außen hin erfolgreich zu wirken. Stattdessen war ich enttäuscht und unglücklich. Dieser Zustand hielt an, bis ich das Geheimnis entdeckte, wie ich die Hindernisse aus dem Weg schaffen konnte, die schuld daran waren, dass ich mich nicht selbst als erfolgreich betrachtete. Ich nannte meine Methode *Easyway*, der einfache Weg.

Für jeden von uns hat das Leben einen anderen Weg vorgesehen und folglich hat auch jeder von uns eine eigene Vorstellung und eigene Erfahrungswelten, was Erfolg für ihn bedeutet. Ich bin ein Freund von Definitionen, weil sie uns zwingen, unsere Sprache überlegt anzuwenden. Zu oft verbindet man mit dem Wort »Erfolg« Handlungen, die Ruhm und Reichtum mit sich bringen. In diesem Buch geht es darum, wie Sie auf Ihre ganz persönliche Weise erfolgreich werden können, was nichts anderes heißt, als Ihre ganz eigene Definition dafür aufzustellen.

Zufall oder die Gunst der Stunde spielten eine wichtige Rolle bei dem, was ich heute als meinen persönlichen Erfolg betrachte. Und sehen Sie sich die Lebensgeschichte anderer erfolgreicher Menschen an, werden Sie merken, dass es sich dort ähnlich verhält. Lag es nun daran, dass man zum richtigen Zeitpunkt gerade am richtigen Ort war oder die richtige Person kennen lernte – der Zufall spielte immer eine Rolle.

In diesem Buch will ich Ihnen zeigen, wie Sie den Zufall öfter für sich arbeiten lassen können. Wenn Sie ihn so weit haben, werden Sie die wahre Bedeutung des Wortes Erfolg verstehen.

1
Was ist Erfolg?

Mein Wörterbuch beschreibt Erfolg als »positives Ergebnis, Erreichen eines Ziels, Erlangen von Reichtum, Ruhm oder einer bestimmten Position«. Das ist eine ziemliche Bandbreite und natürlich hat jeder einzelne Leser dieses Buches eine andere Auffassung von Erfolg. Kann *Endlich erfolgreich!* wirklich allen helfen, erfolgreich zu sein? Ich kann Ihnen nur den Schlüssel dazu in die Hand geben. Aber ebenso wenig wie ich Sie zwingen kann, einen Doughnut zu essen, wenn Sie nicht wollen, kann ich Sie zwingen, diesen Schlüssel zu benutzen. Sie haben wirklich gar nichts zu verlieren, wenn Sie dieses Buch lesen, aber die Tatsache, dass Sie es gekauft haben, zeigt schon, dass Sie sich nicht für erfolgreich genug halten. Doch welche Art von Erfolg streben Sie an?

Was heißt erfolgreich sein?

Die Antwort hängt davon ab, was für ein Mensch Sie sind und welche Wertvorstellungen Sie haben. Jeder möchte in dem Sinn erfolgreich sein, als sein Leben ihm lebenswert erscheinen sollte. Menschen bewerten sich selbst ganz unterschiedlich, doch in der Regel bedarf es dazu irgendeiner Art von äußeren Maßstäben oder sichtbaren Beweisen für den Erfolg. Unsere Vorstellung davon, was Erfolg bedeutet, haben wir nicht selbst geformt, sondern in ihren Grundzügen von Eltern oder Freunden übernommen. Mit dem Erwachsenwerden erkennen wir, dass die meisten Menschen dem Teil der Wörterbuch-Definition von Erfolg zustimmen, der ihn als »Erlangen von Reichtum, Ruhm oder einer bestimmten Position« beschreibt.

Erfolg definieren

Angesichts der Vorliebe der Medien für die Schönen, Berühmten und Reichen dieser Welt sei es Ihnen verziehen, wenn Sie glauben, Erfolg hänge von derlei Attributen ab. Menschen, auf die alle drei Faktoren zutreffen, werden als der Inbegriff von erfolgreich und beneidenswert betrachtet und daher auf ein Podest weit über uns Normalbürger gehoben. Zeitschriftenbeiträge und Fernsehsendungen über Lifestyle verkaufen uns eine ganz besondere Art von Erfolg. Aber eben nur eine bestimmte. Leider sind die Menschen nur allzu bereit, an das zu glauben, was am stärksten beworben wird. Wenn das die Art von Erfolg ist, auf die Sie abzielen, sollten Sie aber alles andere tun, als daran zu glauben, denn dann sind Sie von Anfang an im Nachteil.

Die Gehirnwäsche, Teil 1

Sie glauben, erfolglos zu sein, weil Ihr Leben nicht einem fiktiven Ideal entspricht, von dem man Ihnen erzählt hat, es bedeute Erfolg, und das Sie übernommen haben. Sie wollen das große Haus, die bewundernde Menge, die rauschenden Parties, die teuren Autos, die Designerkleidung, die Aufmerksamkeit der Medien. Fragen Sie sich selbst, welche Art von Erfolg Sie mit einem dieser Dinge erreichen. Es sind lediglich Nebenerscheinungen gewisser Formen von Erfolg, doch längst nicht alle. Indem Sie einen teuren Designeranzug tragen, einen Wagen fahren, mit dem Sie neidische Blicke auf sich ziehen, oder in einer besonders ausgefallenen Essenz baden, die dreimal so viel kostet wie alle anderen Badezusätze in der Parfümerie, verändern Sie sich dadurch als Person um keinen Deut. Sie sind immer noch Sie selbst. Es ist ein Riesenunterschied, ob man eine Fantasievorstellung von Erfolg auslebt oder tatsächlich erfolgreich ist.

Die Gehirnwäsche, Teil 2

Wie man uns per Gehirnwäsche glauben gemacht hat, eine besondere Zigarettenmarke oder eine Flasche Wein aus einem bestimmten Jahrgang würde uns eine besondere Aura verleihen, hat man uns auch vorgegaukelt, wir würden uns so viel großartiger fühlen, wenn wir einen Haufen Geld für dieses teure Kleid oder jenen exklusiven Wagen hinblättern. Doch der positive Effekt, den wir uns davon versprechen, hält in der Regel nicht lange vor. Das Prickeln, das wir verspüren, wenn wir das Kleid tragen oder den Wagen fahren, lässt schnell nach, und bei körperlichen Abhängigkeiten, wie im Fall von Alkohol und Nikotin, ist die nächste Ration fällig, sobald wir die eine Zigarette ausgedrückt oder das eine Glas leer getrunken haben. Keines dieser Dinge verändert unsere Situation auf irgendeine Weise und wenn wir sie kaufen, bezahlen wir damit nur für eine Illusion, die sich irgendein Werbefachmann ausgedacht hat. Die Einzigen, denen wir damit zu Erfolg verhelfen, sind die Hersteller und Verkäufer dieser Produkte.

Der Fantasie-Faktor

Wenn wir versuchen, die Illusion von Erfolg auszuleben, kann dies leider unsere Chancen zunichte machen, tatsächlich erfolgreich zu werden. Achten Sie nur einmal darauf, wie viele Menschen unter ihrer Schuldenlast zusammenbrechen, weil sie all die unbedingt nötigen Dinge haben mussten, die man ihnen als unerlässlich für echtes Glück vorgegaukelt hat, und Sie werden sofort erkennen, dass Konsumieren, um erfolgreich zu sein, nichts als eine Falle ist. Wichtig ist bei allem, was wir tun, dass wir uns unsere Integrität bewahren. Leben wir über unsere Verhältnisse, fügt das unserer Integrität Schaden zu, weil wir uns selbst belügen. Wenn Sie sich dauernd mit Schulden herumplagen müssen, ist Ihr Kopf nicht frei, um sich mit den positiven Vorgängen zu beschäftigen, die Sie wirklich erfolgreich machen würden.

Geld als Maßstab für Erfolg

Die meisten Männer und Frauen, die aufgrund eigener Anstrengung viel Geld verdient haben, leben nicht auf großem Fuß. Im Gegenteil, wenn es darum geht, Geld auszugeben, sind sie meist sogar sehr zurückhaltend. Sie wollten nicht erfolgreich werden, um mit Geld um sich werfen zu können, glamouröse Auftritte zu inszenieren oder in Talkshows aufzutreten. Sie wurden erfolgreich, weil sie ein besonderes Talent besaßen, das sie so gut wie möglich einsetzten.

Den Schleier lüften

Die äußeren Insignien von Erfolg verstecken oft ein schwaches Ego. Erfolg setzt ein Höchstmaß an Motivation voraus, und sieht man sich das Umfeld vieler berühmter oder durch eigene Leistung wohlhabend gewordener Menschen genauer an, wird man oft auf unglückliche Lebensumstände und einen Mangel an Zuneigung treffen. Ich meine sogar, dass sich Menschen aus liebevollen, soliden Familien oft schwerer tun, die schwierige Erfolgsleiter hochzuklettern, weil sie im Allgemeinen eher Skrupel haben und zu viel Rücksicht nehmen. Außerdem geben sie sich leichter mit »kleinen« Erfolgen zufrieden, wie zum Beispiel einem glücklichen Familienleben. Eine Person, deren emotionaler Werdegang von Zurückweisung und Gleichgültigkeit geprägt ist, würde so etwas vielleicht für unerreichbar halten, dafür aber eine Firmenübernahme, bei der es um viele Millionen geht, genial einfädeln oder als Hollywood-Regisseur einen Kassenschlager nach dem anderen produzieren.

2

Das Rezept für Erfolg

Sind es die äußeren Insignien von Erfolg, hinter denen Sie her sind, dann ist das Rezept dafür ganz einfach. Sie suchen sich einen Beruf aus, der großes Potenzial für Ruhm oder Reichtum in sich birgt, und arbeiten in diesem Metier mit allen Mitteln daran, ganz nach oben zu kommen. Ob andere dabei auf der Strecke bleiben, kümmert Sie nicht. Das ist aber nicht meine Methode. Die Art von Erfolg, zu der ich Sie hinführen möchte, ist ganzheitlich. Das bedeutet, mein Wegweiser eignet sich nicht für Menschen, deren Motivation ausschließlich von Habgier oder dem Hang zu übertriebener Selbstdarstellung ausgeht.

Die Mittel

Im Grunde unseres Herzens wissen wir, dass Erfolg nicht an Geld gemessen wird. Wäre das der Fall, würden wir das Leben einiger sehr zweifelhafter Gestalten als vorbildlich ansehen. Es gibt kriminelle, skrupellose Gestalten, die sich alle äußeren Merkmale eines ehrenwerten Standes verschafft haben und dennoch nicht verdienen, dass wir sie respektieren oder bewundern. Die Mittel und Wege, die uns zum Erfolg führen, spielen sehr wohl eine Rolle. Um achtenswert zu sein, darf Erfolg nicht auf Kosten anderer erreicht werden oder andere benachteiligen. Er darf niemandem schaden.

Der Anschein von Erfolg

Nimmt man auf ehrenhafte Weise verdientes Geld als Maß für Erfolg, dann gehörte ich einmal zu jenen, die in diesem Sinne erfolgreich sind. Gut, ich bewegte mich nicht in den Gehaltssphären eines Fußballspielers, doch an den Vorstellungen der meisten Menschen gemessen ging es mir ziemlich gut, ich konnte nicht klagen. Aber ich selbst hielt mich nicht für erfolgreich. Meine Arbeit garantierte mir ein gutes Gehalt und eine gehobene Stellung, doch ich hasste sie. Rauchen und starker Alkoholkonsum gehörten dazu, damals galt Rauchen als schick und von erfolgreichen Geschäftsleuten wurde erwartet, dass sie harte Sachen tranken. Bier war etwas für »Arbeiter«. Gehirnwäsche, die ein ausgeprägtes Klassenbewusstsein forciert, war auch damals schon hochwirksam, wenn auch nicht so offensichtlich und daher in mancherlei Hinsicht noch heimtückischer als heute. Ich wirkte wie ein erfolgreicher Mann, doch in meinem Innersten drückte mich die Vorstellung, ein Versager zu sein, wie eine schwere Last zu Boden.

Unwissenheit

Rauchen ist nur eine der unzähligen Bürden, von denen wir uns schwächen und von einem erfolgreichen Leben abhalten lassen. Wir müssen sie als das betrachten, was sie wirklich sind. Nur zu leicht sehen wir sie in einem falschen Licht, insbesondere wenn wir die Gehirnwäsche verinnerlicht haben, die uns glauben machte, sie seien gleichbedeutend mit Glamour oder Erfolg. Viele Jahre hatte ich geglaubt, der Glimmstängel sei mein bester Freund. Es war immer einer da, wenn ich einen brauchte. In Wahrheit verhielt es sich aber so, dass ich selbst ihn unentbehrlich machte. Eine Zigarette machte mich nicht wirklich fröhlicher, holte mich nicht aus dem Trübsinn und befähigte mich nicht, besser mit den Tragödien und Unwägbarkeiten des Lebens zurechtzukommen. Für mich besaß sie dieses einnehmende Wesen nur, weil ich mich aufgrund der Wirkung des Nikotins nach ihr sehnte. Solche Bürden werden zu Hindernissen auf dem Weg zum Erfolg, doch wir sind gegenüber ihren Auswirkungen blind. Die Unfähigkeit oder fehlende Bereitschaft, einzelne Aspekte unseres Lebens als das zu erkennen, was sie tatsächlich sind, kann unsere persönliche Entwicklung aufhalten und uns richtiggehend verdummen.

Die Bürde

Nachdem ich die täuschende Wirkung des Nikotins durchschaut hatte und aus der Falle entkommen war, war ich plötzlich auch in Bezug auf viele andere Dinge frei. Die Entdeckung von *Easyway* krempelte mein Leben völlig um. Vielleicht glauben Sie, ich sehe meine Wandlung vom Raucher zum Nichtraucher durch eine rosarote Brille. Aber hören Sie nicht nur auf mich. Ich könnte ihnen Tausende von Briefen zeigen, die mir Männer und Frauen schrieben, nachdem sie aufgrund meiner Methode mit dem

Rauchen aufgehört hatten, und darin berichten sie von derselben Hochstimmung, wie ich sie erlebte. Rauchen war bei ihnen derselbe Klotz am Bein wie bei mir. Es zog mich nach unten und ließ mir die Welt stumpfsinnig, grau und wertlos erscheinen, bis ich auf *Easyway* kam und mich davon befreien konnte.

Den Klotz loswerden

Sehen Sie sich die Dinge, die Sie unbedingt zu brauchen glauben, intensiv an. Selbst kleinere Macken, wie erst nach einer bestimmten Anzahl von Klingeltönen an das Telefon zu gehen oder nur aus einer bestimmten Tasse zu trinken, können verräterische Anzeichen dafür sein, dass wir den Glauben an uns selbst aufgeben. Sicher, ich weiß, Sie könnten eine ganze Reihe von Wirtschaftsmagnaten aufzählen, die ganz markante Eigenheiten pflegen, wie sollten solche kleinen Schwächen also grundsätzlich einem Erfolg im Wege stehen? Weil bei meiner Methode die Definition von Erfolg nicht auf der Fähigkeit einer Person basiert, Berge von Geld zu scheffeln, sich einen großen Namen zu machen oder sich in dem gewählten Beruf ganz nach oben zu arbeiten. Jeder Einzelne von uns kann Erfolg haben, und wir selbst setzen den Maßstab.

Sie wählen selbst

Welchen Maßstab setzen Sie nun an? Das hängt vermutlich von vielen verschiedenen Faktoren ab. Was Sie mit allen anderen Lesern dieses Buches verbindet ist die Unzufriedenheit darüber, wo Sie im Moment stehen. Ich will Ihnen nicht vormachen, ich könnte Ihnen eine Abkürzung aufzeigen, wie Sie ganz schnell zu Ruhm, Reichtum, wahrer Liebe, dem perfekten Körper oder Job kommen, kurzum ein Allheilmittel für all Ihre Leiden. Ich wäre ein Genie, wenn ich das könnte, und ich bin mir auch gar nicht sicher, ob ich es überhaupt wollte. Zu den vielen Freuden im Leben gehört es, die wahre Bedeutung der Dinge für sich selbst zu entdecken. Es gibt nichts Schlimmeres, als von anderen gesagt zu bekommen, was man mit sich und seinem Leben anfangen sollte. Ich möchte, dass Sie selbst die Art von Erfolg wählen, auf die Sie hinauswollen. Doch zuallererst möchte ich Sie dazu bringen, allem gegenüber aufgeschlossen zu sein.

Aufgeschlossen sein

Unabhängig davon, mit welchem Problem sie zu mir kommen, dränge ich sämtliche meiner Klienten dazu, aufgeschlossen zu sein. Ich möchte, dass Sie aus diesem Buch so viel Nutzen wie möglich ziehen, und aus nahe liegenden Gründen hoffe ich, dass die Erkenntnisse, die ich hier mit Ihnen teile, für Sie nachvollziehbar sind. Meine Methode ist wirklich sehr einfach. Sie funktioniert, weil sie unwiderlegbar ist, aber es liegt an Ihnen, sie auszuprobieren und sich Gewissheit darüber zu verschaffen. Sie sollen *wissen*, dass ich die Wahrheit sage, nachdem Sie über die von mir vorgestellten Ideen nachgedacht haben. Der Erfolg, den Sie anstreben – in welchem Bereich auch immer –, hängt davon ab, ob Sie aufgeschlossen bleiben. Einfältige Menschen sind niemals erfolgreich. Sie wirken vielleicht so, doch äußerer Schein und Realität sind sehr verschiedene Dinge. Akzeptieren Sie eine Idee erst, nachdem Sie Ihren persönlichen Wahrheitstest bestanden hat.

3

Unser Potenzial

In jungen Jahren sind wir uns unseres Potenzials wohl am stärksten bewusst. Wir halten uns für unsterblich und glauben, alles sei möglich. Solange wir nicht selbst etwas versucht und ein bisschen gelebt haben, wissen wir nicht, wo unsere Grenzen liegen, seien es jene, die wir uns selbst setzen, oder jene, die andere uns stecken. Die Jugend traut sich, Risiken einzugehen, wohingegen wir mit zunehmendem Alter Herausforderungen immer mehr scheuen, weil wir Angst haben, ihnen nicht gewachsen zu sein. Wenn wir in mittleren Jahren noch nicht erreicht haben, was unserer Definition von Erfolg entspricht, heißt das jedoch nicht, dass wir unsere Chancen bereits vertan haben. Wünschen wir uns noch immer, ein bestimmtes Ziel zu erreichen und sind wir noch immer davon überzeugt, dass es das richtige ist, verfügen wir nach wie vor auch über die Mittel, die uns dorthin führen.

Die Zukunft selbst bestimmen

Die Unfähigkeit, Entscheidungen zu treffen, so hört man, sei unter jungen Menschen weit verbreitet, und die Gruppe jener, die eine höhere Schulbildung genossen haben, stelle dabei – und das mag überraschen – einen erstaunlich großen Anteil. Viele junge Menschen, die gerade ihren Abschluss in der Tasche haben, sind es gewohnt, dass andere – Eltern im Zusammenspiel mit dem Bildungssystem – ihre Zukunft für sie geplant haben. Beim Eintritt in die echte Welt finden sie sich nicht zurecht, weil sie nicht darauf vorbereitet wurden. Um die richtigen Entscheidungen in eigener Sache fällen zu können, müssen wir gewohnt sein, eigenständig eine Wahl zu treffen, und dürfen uns nicht darauf verlassen, dass andere, und mögen sie es noch so gut mit uns meinen, dies für uns erledigen.

Helle Köpfe

Hohe intellektuelle Fähigkeiten werden allgemein bewundert, und doch ist es interessant zu beobachten, wie wenig sie als Maßstab für echten Erfolg taugen. Einige der bedeutendsten Persönlichkeiten der Geschichte wurden von ihren Zeitgenossen als gar nicht so überragend angesehen. Albert Einstein war Angestellter am Schweizer Patentamt, als er seine Arbeit über die Relativitätstheorie schrieb, denn seine Studienergebnisse am Züricher Polytechnikum hatten die zuständigen Stellen nicht davon überzeugen können, ihm eine Doktorandenstelle anzubieten. Winston Churchill galt als zu schwer von Begriff für die Altphilologie und kam daher in den Genuss von deutlich mehr Englischstunden als viele seiner Altersgenossen. Trotz des verächtlichen Urteils seiner Lehrer wurde er ein großer Redner, der glänzend mit der englischen Sprache umzugehen wusste, und legte später jene eiserne Entschlossenheit an den Tag, die ihn zu seiner bedeutendsten öffentlichen Rolle, der als Kriegsbefehlshaber, befähigte. Charles

Darwin hätte eigentlich die Familientradition fortführen und Arzt werden sollen, scheiterte darin jedoch und liebäugelte mit der Idee, Priester zu werden, ehe er zu seiner wahren Berufung fand und Naturforscher wurde. Er hatte nie ein akademisches Studium absolviert, und als er *Vom Ursprung der Arten* verfasste, war er Gutsbesitzer. Lassen Sie sich niemals von akademischen Titeln beeindrucken, und seien Sie niemals herablassend gegenüber Menschen, die keinen besitzen.

Gesunder Menschenverstand

Praktische Fähigkeiten sind ebenso wichtig wie geistige. Der Intelligenzquotient sagt lediglich etwas über die intellektuelle Leistungsfähigkeit aus. Er gibt uns keine Auskunft darüber, ob jemand kreativ denken, gut mit anderen zusammenarbeiten oder eine Aufgabe bis zum Ende durchführen kann. Erfolg im Leben hängt oft in viel größerem Maß von Fähigkeiten im zwischenmenschlichen Bereich und einer sympathischen Art ab als von akademischen Höhenflügen. Und wenn wir uns selbst für besonders schlau halten, kann uns das in manchen Fällen sogar hinderlich sein, unser Potenzial ganz auszuschöpfen. Hat man uns ein Leben lang immer nur bestätigt, wie besonders klug wir sind, kann dies bewirken, dass wir einfach abwarten, bis der Erfolg uns von selbst in den Schoß fällt. Die Lust, sich anzustrengen und die Ärmel hochzukrempeln, um die selbst gesteckten Ziele zu erreichen, wird uns eher Erfolg bescheren als ein überdurchschnittlich ausgeprägtes Selbstbewusstsein in Bezug auf die eigenen intellektuellen Fähigkeiten.

Illusionäre Vorstellungen von Erfolg

In der heutigen Zeit will man uns glauben machen, Ruhm und Erfolg würden einander bedingen, man könne das eine nicht ohne das andere haben. Dabei handelt es sich jedoch um eine unglaubliche Verzerrung der tatsächlichen Situation. Leider fallen viele junge Menschen auf diese Illusion herein. Sie wollen um jeden Preis berühmt werden, weil sie das für das erstrebenswerteste Ziel im Leben halten – etwas Besseres können sie sich nicht vorstellen. Dabei übersehen viele, dass man sich Ruhm durch eine bestimmte *Leistung* erwerben muss, soll er irgendeine Berechtigung haben.

Auf Erfolg fixiert sein

Erfolg nur um seiner selbst willen anzustreben ist typisch, wenn man ausschließlich auf das Ziel fixiert ist. Es ist ein bisschen, als würde man in einem Zug durch eine atemberaubend schöne Landschaft fahren, aber nichts davon wahrnehmen, weil man nur das Ziel vor Augen hat. Leider versäumt man dabei, Erfahrungen und Einsichten in sich aufzunehmen, von denen man profitieren könnte, wenn man tatsächlich an diesem Ziel angekommen ist. Es ist durchaus möglich, ohne großen Einsatz ein Ziel zu erreichen. Die Frage ist nur, ob man aus diesem Anfangserfolg auch Nutzen ziehen kann, wenn man sich nicht zu einem gewissen Zeitpunkt die fehlenden Einsichten verschafft hat. Aber natürlich ist es nie zu spät, seine Energien für eine Unternehmung einzusetzen, die über die materielle Belohnung hinaus, die sie verspricht, eine Bedeutung besitzt.

4

Sein Ziel finden

Sich im Leben ein Ziel zu setzen kann fürchterlich schwierig sein, vor allem, wenn einem ständig eingeredet wurde, es gäbe nur ein limitiertes Spektrum lohnender »Tätigkeiten«. Wenn Sie so denken, haben Sie sich vermutlich von dem Gedanken verabschiedet, Sie könnten jemals erfolgreich sein. Falsch. Vergessen wir die Art von Erfolg, die unter einer Million Menschen nur einem zufällt, und betrachten wir Ihre Bedürfnisse als Individuum. Manchmal lernen wir diese erst nach einem oder mehreren Fehlversuchen richtig zu bewerten. Ich wurde nur Wirtschaftsprüfer, weil der Studienberater mir sagte, ich sei gut in Mathe und solle deshalb Betriebswirtschaft studieren. Ich hatte nicht die geringste Vorstellung, was das war. Im Lauf der Zeit fand ich es heraus und musste mir eingestehen, dass ich es hasste. Dann machte ich etwas anderes. Was würden Sie gerne tun, wenn Sie Ihre momentane Arbeit nicht hätten?

Was erwarten Sie vom Leben?

Wenn Sie erfolgreich sein möchten, müssen Sie wissen, was Sie wollen und was Ihnen wichtig ist. Das fällt vielen von uns schwer. Sie sehen im Schaufenster ein Kleidungsstück, das Ihnen gefällt, doch wenn Sie es in der Hand halten oder vielleicht sogar anprobieren, stellen Sie fest, dass es überhaupt nicht zu Ihnen passt oder dass es nicht sitzt. Was wir uns in Gedanken wünschen, passt häufig in der Realität nicht zu uns. Um herauszufinden, was wir wollen, müssen wir in der Regel erst einmal herausfinden, was wir nicht wollen. Vielleicht verändert sich dabei auch das, was wir wollen. Die Überzeugung, etwas zu wollen, auch wenn es das Falsche ist, gibt uns eine Richtung vor. Möglicherweise wollen wir das ursprüngliche Objekt der Begierde am Ende gar nicht mehr, oder es ist unerreichbar für uns, aber allein der Wunsch befähigt uns, etwas anderes Lohnenswertes zu erreichen.

Das eigene Ziel kennen und verstehen

Ein eigenes Ziel im Leben ist Grundvoraussetzung, um Achtung vor uns selbst haben zu können. Häufig haben wir keine Vorstellung, worum es sich dabei handeln könnte, und leiden deshalb. Depressionen, Angstzustände, Müdigkeit, sogar physische Erkrankungen können die Folge sein, wenn ein Ziel fehlt und man sich nur treiben lässt. Selbst hoch motivierte Personen tauchen, wenn nicht alles gut läuft und sie von sich selbst enttäuscht sind, zuweilen in einen solchen Zustand ab. Aber sie verlieren nie ihr Ziel aus den Augen oder lassen sich für längere Zeit davon abhalten. Wenn Sie etwas wirklich tun möchten, reden Sie es sich nicht selbst aus. Sie werden auf genügend Hindernisse treffen, die sich Ihnen in den Weg stellen, ohne auch noch selbst welche schaffen zu müssen.

Minderwertigkeitskomplexe

Ein hoher gesellschaftlicher Status bringt viele Vorteile mit sich, daher sind so viele Menschen darauf aus, die soziale Leiter ganz nach oben zu klettern. Neben den rein materiellen Annehmlichkeiten kommt auf der »Siegerseite« auch noch der psychologische Wohlfühlfaktor hinzu. Die so genannten »Verlierer« am anderen Ende der Leiter leiden sehr darunter, wie sie sich selbst sehen und wie andere sie ihrer Meinung nach sehen. Die negativen Gefühle, die aus diesem Selbstbild resultieren, setzen den Körper unter Dauerstress und sind für die erhöhte Anzahl an degenerativen Erkrankungen wie Krebs und Herzerkrankungen verantwortlich. Selbst Menschen in Angestelltenberufen, in denen eine gewisse Durchlässigkeit gegeben ist, sind für die negative Polung anfällig, die aus Ungleichheit entsteht. Wenn wir rundum erfolgreich sein wollen, müssen wir eine Sprosse in der Wohlfühlzone auf der sozialen Leiter für uns finden oder stark genug sein, um uns von den negativen Bewertungen der Gesellschaft nichts anhaben zu lassen. Betrachten Sie sich immer als gleichwertig mit anderen, selbst wenn Ihre finanziellen Mittel begrenzt sind und Sie einen relativ niedrigen gesellschaftlichen Status einnehmen.

5
Das Leben ist eine Lotterie

Was für ein Klischee. Und wenn Sie daran glauben, müssen Sie sich für ein Rädchen in diesem Getriebe halten. Wir können das Leben zu einer Lotterie machen, wenn wir uns so verhalten, als wäre es tatsächlich eine. Aber Sie haben so viel Kontrolle darüber, wie Sie ausüben möchten. Zugegeben, Sie können nicht mit links einen Krieg aufhalten, die Meinung von Politikern verändern oder die vielen Missstände in der Welt abschaffen. Aber Sie können eine Menge dabei mitreden, wie Sie Ihr Leben gestalten: wie Sie andere Menschen behandeln, was Sie zu anderen sagen, welche Entscheidungen Sie treffen. Ihr Verhalten kann in vielen Fällen Ihr Leben verändern und das Leben derer, auf die sich Ihr Handeln auswirkt. Sie besitzen Macht.

Fairness

Diese letzte Behauptung mag unrealistisch klingen. Sie argumentieren womöglich, dass es im Leben immer Sieger und Verlierer gibt: Menschen, die bereit sind, sich anzustrengen und Opfer zu bringen, die Risiken eingehen, um ein bestimmtes Ergebnis zu erzielen, und jene, die es nicht sind. Das ist absolut richtig, bedeutet aber nicht, dass wir auf ungerechte Weise andere benachteiligen dürfen. Oder uns aufführen dürfen, wie wir wollen, weil wir glauben, ein Ziel vor Augen zu haben mache uns zu etwas Besserem und stelle unsere Bedürfnisse und Wünsche über die anderer.

Willenskraft

Manche Menschen halten Willenskraft für enorm wichtig und glauben, man könne mit ihrer Hilfe alles erreichen. Das halte ich nicht für zutreffend. Man kann Erfolg ebenso wenig mit Willenskraft erzwingen, wie man es schafft, damit das Rauchen aufzugeben. Das Problem mit der Methode Willenskraft ist, dass sie immer das Gefühl vermittelt, man müsse auf etwas verzichten. Wenn Sie etwas nicht um der Sache selbst willen machen wollen, engagieren Sie sich nicht wirklich und werden sehr wahrscheinlich nicht bis zum Ende durchhalten. Sie können sich natürlich selbst unter Druck setzen, um etwas zu erreichen, aber das funktioniert nur kurzfristig. Meine Methode soll Ihnen nicht vorübergehend zu Erfolg verhelfen, sondern Ihnen ermöglichen, Erfolg als Konstante in Ihrem Leben zu erfahren.

Selbstvertrauen

Eine grundlegende Eigenschaft aller erfolgreichen Menschen ist simple Hartnäckigkeit. Wenn Sie den Erfolg wollen, müssen Sie durchhalten, auch wenn Menschen in Ihrem Umfeld Zweifel äußern, ob Sie tatsächlich das Zeug dazu haben. Damit will ich Ihnen jedoch nicht raten, überhaupt nicht mehr auf andere zu hören, sondern Ihnen vielmehr ans Herz legen, vernünftig abzuwägen, auf wessen Rat Sie hören. Was alle erfolgreichen Menschen auszeichnet ist die Bereitschaft, für ihre Entscheidungen selbst die Verantwortung zu übernehmen. Sie glauben an ihre Fähigkeit, Probleme genau zu analysieren und unter den gegebenen Umständen die richtige Lösung zu finden. Sie fühlen sich dazu in der Lage, weil Sie nie das Risiko gescheut haben, sich auch einmal zu irren und einen Fehler zu machen.

Setzen Sie Ihre natürlichen Kräfte ein

Leben Sie Ihre Passionen aus, falls Sie sich ihrer bewusst sind. Wenn wir das, was wir tun, gerne tun, gibt das unserem Leben einen ganz anderen Anstrich. Natürlich kann nicht jeder sein Hobby zum Beruf machen oder damit seinen Lebensunterhalt bestreiten. Aber Ihr Leben wird weitaus befriedigender sein, wenn Sie Ihren Betätigungen mit natürlicher Begeisterung nachgehen. Nichts wirkt abstumpfender als die Beschäftigung zu hassen, mit der man 70 Prozent der Zeit verbringt, in der man wach ist. Mein eigenes Leben begann erst wirklich, nachdem ich meine Methode entdeckt hatte.

Vergangene Träume

Als ich jung war, waren die Maßstäbe für Erfolg fest in der Realität verankert. Zu dem Zeitpunkt, zu dem ich mir meiner Umwelt und des Platzes, den ich darin einnahm, bewusst wurde, leckte die Welt gerade ihre Wunden aus dem Zweiten Weltkrieg. Man hatte bei weitem nicht die Bandbreite an Chancen und Möglichkeiten, die sich heute anbieten. Und die Menschen hatten ein ausgeprägtes Gespür für ihren »Platz« in der Gesellschaft. Machte man sich falsche Vorstellungen von seinem Standort, wurde man schnell auf den Boden der Tatsachen zurückgeholt, und zwar in erster Linie von den Gleichgestellten. Berufliche Erwartungen waren relativ bescheiden, Jungen wollten eine Bürotätigkeit und die Mädchen Sekretärinnen sein. Wir träumten vielleicht von einem Rolls Royce oder einem Nerzmantel, aber es war eben nur ein Traum. Man lebte in der Realität.

Heutige Träume

Heute haben die Menschen nicht mehr so bescheidene Erwartungen und viel hochtrabendere Vorstellungen von Erfolg. Diese sind vor allem mit materiellem Wohlstand verbunden und einem dadurch ermöglichten luxuriösen Lebensstil. Wenn Jungen und Mädchen das Alter erreichen, in dem sie sich für einen Beruf entscheiden müssen, sind es die bodenständigen, das heißt langweiligen Beschäftigungen, wie Installateur, Elektrotechniker oder Vermessungsingenieur, die ins Hintertreffen geraten gegenüber Berufen in der Medienbranche oder ähnlichen Sparten. Ursache für diese Verlagerung zugunsten von Berufen aus dem Dienstleistungssektor ist nicht nur unser gesteigerter Konsum und der dadurch gestiegene Bedarf in diesem Wirtschaftsbereich. Auch die Vorstellung davon, was ein erstrebenswerter Beruf ist, hat sich geändert.

Erfolg messen, Teil 1

Wenn wir denen glauben, die für sich in Anspruch nehmen, über das Befinden des modernen Menschen Bescheid zu wissen und daher Überlegungen anstellen zu können, was im wirklichen Leben tatsächlich vor sich geht, dann setzen Männer und Frauen unterschiedliche Maßstäbe für Erfolg an. Bei Männern ist die Vorstellung von Erfolg sehr eng damit verbunden, wie sie im Vergleich zu ihresgleichen wahrgenommen werden. In der gesellschaftlichen Rangordnung höher als andere Männer zu stehen hat oberste Priorität, und das bedeutet einen größeren Wagen, einen besseren Job, ein schöneres Haus, mehr Geld zu besitzen. Weitere Manifestationen einer gehobenen Stellung sind eine attraktive Frau und intelligente Kinder. Die meisten Männer bewerten Erfolg ausschließlich nach materiellen Kriterien, die messbar, quantitativ bestimmbar und hervorragend vermarktbar sind.

Erfolg messen, Teil 2

Natürlich gibt es auch Frauen, die Erfolg nach männlichen Kriterien bewerten, also eine steile Karriere, ein ordentliches Gehalt und Ähnliches zum Maßstab nehmen. Doch da Frauen das überlegene Geschlecht sind, ist ihre Sichtweise im Allgemeinen vielschichtiger und beinhaltet darüber hinausgehende Bedürfnisse. Frauen müssen Methoden entwickeln, mit denen sie das bekommen, was sie vom Leben erwarten und gleichzeitig den Preis minimieren, den die Menschen, die ihnen am wichtigsten sind, dafür bezahlen müssen. Während sich ein Mann nur auf eine Sache konzentriert und diese vorantreibt, ist eine Frau in der Lage, mehrere Aufgaben parallel zu übernehmen und auszuführen. Männer sollten sich an dieser Stelle eines merken: Wenn es in Ihrem Leben Menschen gibt, die Ihnen etwas bedeuten, müssen Sie die Fähigkeit entwickeln, mehrere Dinge parallel zu verfolgen, um so zu vermeiden, dass Sie einen schmerzhaft hohen Preis für das Erreichen eines materiellen oder intellektuellen Zieles bezahlen müssen.

Andere Ansichten

Niemand, so hat es den Anschein, möchte etwas tun, das als normal gilt. Und den Menschen in solchen normalen Berufen muss man das Gefühl vermitteln, sie seien gar nicht so minderwertig, wie sie von allen angesehen werden. Also ist aus der Putzfrau eine Raumpflegerin geworden und aus einem gewöhnlichen Angestellten ein Berater. Kaum Berufe, die großes Erfolgspotenzial in sich tragen, werden Sie vielleicht spotten. Stimmt vielleicht, aber selbst ein Mitarbeiter der Müllabfuhr kann aus seiner Tätigkeit Erfolg schöpfen. Denken Sie daran: Nicht was Sie tun, sondern wie Sie es tun ist das sicherste Maß für Ihr Selbstwertgefühl und letztlich auch für Ihren Erfolg.

6

Und wie machen Sie Ihre Sache?

Der Psychologe Carl Jung sagte: »Fragen Sie nie einen Menschen, was er tut, sondern wie er es tut.« Meiner Meinung nach bringt uns das zum Kern dessen, was es bedeutet, Menschen an ihrem Beruf zu messen. Wie oft haben Sie auf einer Party oder bei einer Zusammenkunft zwischen mehreren Menschen schon erlebt, dass sich Ihnen jemand vorstellte und beinahe im selben Atemzug fragte: »Und was machen Sie?« Ich nehme an, dabei handelt es sich um die üblichen Versatzstücke eines Small Talks, aber es sagt auch schon alles. Egal, ob sich die Person dessen bewusst ist oder nicht, sie nimmt gesellschaftlich und materiell Maß an Ihnen. Unser Konkurrenzdenken ist so ausgeprägt, dass wir die Messlatte immer zur Hand haben. »Kümmere dich nicht um den Charakter einer Person, schau dir an, welchen gesellschaftlichen Rang sie einnimmt.« Ich nehme Anstoß daran, ausschließlich auf der Basis dessen eingeschätzt zu werden, was man von mir zu wissen glaubt.

Glückliche Fügungen

Ich glaube sehr an die Macht des Schicksals oder glückliche Fügungen in unserem Leben. Ich musste schon oft dem Zufall danken, weil er sich meiner Pläne angenommen hat. Manche Menschen halten dieses Phänomen für eine Art göttliche Intervention. Dazu kann ich nichts sagen, doch aus welcher Richtung es auch kommen mag, ich bin dankbar dafür. Es ist allein glücklichen Fügungen zuzuschreiben, dass ich die letzten 20 Jahre meines Lebens als so froh und erfüllend empfunden habe. Dass ich meine Methode entdeckte, beruht fast ausschließlich auf einer positiven Verkettung von Umständen. Was ich mir persönlich zuschreiben kann ist lediglich der Umstand, dass ich erkannte, wie man sie zum Nutzen anderer einsetzen kann. Ich nehme an, in diesem Sinne war ich offen für die Möglichkeiten, die der Zufall uns anbietet. Das ist wichtig. Glückliche Fügungen vermögen uns nur dann zu helfen, wenn wir selbst die Umstände schaffen, unter denen sie auftreten können.

Arbeit

Durch harte Arbeit, so hieß es immer, könne es jeder zu etwas bringen, doch Arbeit um ihrer selbst willen macht ein Leben nicht erfolgreich. Arbeit muss von der Person, die sie verrichtet, als lohnend empfunden werden, soll sie einen Wert über die dafür erhaltene finanzielle Entlohnung hinaus besitzen. Manche Arbeiten gelten als hochwertiger als andere. Im Allgemeinen sind natürlich besser bezahlte Tätigkeiten begehrter als die schlechter bezahlten, obwohl die Gesellschaft von Letzteren vielleicht mehr profitiert als von Ersteren. Wenn Sie einen Börsenmakler mit einer Krankenschwester vergleichen, wissen Sie, was ich meine. Stellen Sie fest, welchen Wert Sie der Arbeit beimessen, die Sie verrichten. Besitzt sie über Ihre Gehaltsabrechnung hinaus keinerlei Wert, sollten Sie sich einen Bereich suchen, in dem Sie Ihre Energie auf lohnenswerte Weise einsetzen können.

Freier Wille

Angeblich unterscheidet uns von den Tieren, dass wir nach unserem eigenen freien Willen handeln können. Unsere geistige und körperliche Entwicklung mag bis zu einem gewissen Grad vorgegeben sein, doch das ist nur ein Teil des Puzzles. Im Großen und Ganzen können wir selbst entscheiden, welche Tätigkeit oder Verhaltensweise wir einer anderen vorziehen. Manche Menschen, die sich selbst für erfolglos halten, legen sich eine Entschuldigung zurecht, warum es bei ihnen nie anders sein wird. Wir alle haben schon Situationen erlebt, in denen nichts zu funktionieren schien, doch es wäre ein Fehler, daraus zu schließen, wir seien unselige Opfer der Umstände. Wenn bei Ihnen immer alles schief läuft, sehen Sie sich einmal die Entscheidungen genauer an, die Sie treffen. Schieben Sie die Schuld nicht auf das Leben.

Die Schufterei einmal sein lassen

Unsere Politiker tragen in nicht geringem Maß zu der allgemeinem Hysterie in puncto Erfolg bei. In ihren Reden ermahnen sie uns, mehr Güter zu produzieren, für mehr Wohlstand zu arbeiten, vollen Einsatz für die so genannte Leistungsgesellschaft zu erbringen. Das ist nachvollziehbar: Sie müssen dafür sorgen, dass Geld in die öffentlichen Kassen fließt, und dieses Geld kann nur von uns Steuerzahlern kommen, also sorgen sie dafür, dass wir schuften bis zum Umfallen. Es sähe nicht gut für sie aus, wenn wir alle Eremiten würden oder Asketen, die sich mit Brotkrumen zufrieden geben, doch es kümmert sie auch nicht, ob wir glücklich damit sind, wie wir unseren Lebensunterhalt verdienen. Wir müssen uns jedoch im eigenen Interesse bewusst machen, dass Leben mehr bedeutet als nur Geld zu verdienen. Wenn wir diese anderen Faktoren in unser Leben mit einbeziehen, werden wir als Staatsbürger ganz von selbst produktiver.

Widrigkeiten trotzen

Der Volksmund sagt, der Tod und die Steuern seien die zwei Dinge im Leben, die uns wirklich sicher sind. Beide kommen auf uns zu, ob wir wollen oder nicht. Gewiss wünschen wir uns auch Erfolg, doch diesen rechnen wir oft zu den Unwägbarkeiten. Diejenigen, die ihn am wenigsten verdienen, scheinen ihn im Überfluss zu erhalten, und das auf Kosten derer, denen er eigentlich zustehen würde. Ich glaube das aber nicht und Sie sollten es auch nicht. Fragen Sie sich einmal ganz ehrlich, warum Sie so bereitwillig eine

Verallgemeinerung übernehmen, anstatt auf Ihre eigene Fähigkeit zu vertrauen, erfolgreich sein zu können. Vielleicht lautet die Antwort, je weniger Aussicht auf Erfolg man von Anfang an hat, umso weniger peinlich ist es zu versagen. Menschen, die erfolgreich sein wollen, arbeiten unermüdlich daran, solche negativen Voraussetzungen einzuschränken, weil sie wissen, dass das Leben noch schwieriger wird, wenn man diese über einen längeren Zeitraum zu stark werden lässt. Suchen Sie Wege, diese kontraproduktiven Kräfte zu schwächen.

7

Die Messlatte

Wie sollten wir erfolgreich sein, wenn wir selbst es uns nicht zutrauen? Ich weiß, dass ich keinen Erfolg hatte, weil ich mich dafür hasste, so leichte Beute eines in meinen Augen großen Lasters zu sein – ich schaffte es nicht, mit dem Rauchen aufzuhören. Das war meine Messlatte, und es gelang mir nicht, die Marke, die ich mir gesteckt hatte, zu erreichen. Mein persönliches Problem wog umso schwerer, als ich in eine Falle getreten war, die ich schon jahrelang offen vor mir hatte liegen sehen. Wenn man miterlebt hat, wie der eigene Vater an Lungenkrebs stirbt, kann man die Gefahren des Rauchens und das, was einen starken Raucher erwartet, nicht leugnen. Und doch bin ich hineingelaufen. Meine Marke auf der Messlatte hatte ich mir selbst gesetzt. Ich versuchte nicht, auf irgendein abstraktes Ideal hin zu leben. Aber unabhängig von den Zielen ist das Grundprinzip immer dasselbe. Das Heilmittel ist es jedoch nicht. Betrachten Sie Ihr Leben, und fragen Sie sich, was Sie tun müssten, um sich selbst als erfolgreich einzuschätzen.

Schuldgefühle

Die Enttäuschung darüber, dass wir nicht sind, wer oder was wir sein möchten, führt häufig dazu, dass wir uns selbst Vorwürfe machen. Einfach Durchschnitt zu sein ist heutzutage mit vielen Schuldgefühlen behaftet. Manche Menschen geben zu, sich Vorwürfe zu machen, weil sie aus ihrem Leben nichts Spektakuläres gemacht haben. Diese Schuldgefühle stellen sich in der Regel nur dann ein, wenn man auf Personen trifft, die sich extreme Leistungen abverlangen, um ein bestimmtes Ziel zu erreichen. Falls Sie im Großen und Ganzen zufrieden sind, wie Ihr Leben sich entwickelt, wäre es absolut falsch, sich durch einen Vergleich mit anderen Schuldgefühle einzureden. Sollen die Leute, die etwas ganz Außergewöhnliches erreichen wollen, das nur tun. Wünschen Sie ihnen Glück, aber geißeln Sie sich nicht selbst mit deren augenfälligen Erfolgen. Wüssten Sie Einzelheiten aus deren Leben, würden Sie sehr wahrscheinlich erkennen, dass Sie selbst auf andere Weise viel erfolgreicher sind.

Alles im richtigen Verhältnis

Obwohl es wichtig ist, über ein gesundes Ego und ein solides Selbstwertgefühl zu verfügen, müssen wir unsere Fähigkeiten realistisch einschätzen. Sind unsere Erwartungen – an eine Arbeitsstelle, eine Beziehung, an uns selbst – einfach zu hoch gegriffen, müssen wir uns unweigerlich auf Enttäuschungen einstellen. Besser etwas haben, das ausreichend ist – also einen Teil unserer Bedürfnisse befriedigt –, als ganz leer auszugehen, weil wir nicht bereit sind, unsere Erwartungen herunterzuschrauben. Das soll nicht heißen, dass Sie nicht mit hoch gesteckten Zielen anfangen können, aber lassen Sie sich nicht durch falschen Stolz dazu hinreißen, sich dauerhaft in Bedrängnis zu begeben. Versuchen Sie nicht, zu lange oder zu heftig gegen das Leben anzukämpfen. Manchmal ist es schlauer als wir.

Der eigene Stil

Ist Ihnen schon einmal aufgefallen, wie oft wir heutzutage gesellschaftlichen Zwängen ausgesetzt sind? Wir dürfen nicht einmal tragen, was wir gerne möchten, ohne dass ein Stilwächter uns darauf aufmerksam macht, wir würden uns gehen lassen und dadurch Signale aussenden, die unweigerlich dafür sorgen, dass wir in unserer momentanen Position feststecken. Kleider machen Leute, so scheint es. Nennen Sie mich altmodisch, aber da bin ich anderer Meinung. Nicht zu entschuldigen ist ungepflegtes Erscheinen, damit meine ich, jemand kämmt sich nicht oder ist schmuddelig gekleidet, doch jeder sollte selbst entscheiden können, was er tragen will. Manche Menschen müssen einen bestimmten Stil pflegen, um in ihrem Beruf weiterzukommen. Wenn sie damit kein Problem haben und sich nicht verkleidet fühlen, ist das bestens. Vielleicht ist es ihnen angenehmer, sich einfach anzupassen als sich dauernd mit dem Sinn und Zweck von Modediktaten auseinander setzen zu müssen.

Mitläufer und Anführer

Selbst ein so einfaches Unterfangen wie das Akzeptieren der momentanen Situation wirft die Frage auf, welche Art von Erfolg wir vom Leben erwarten können. Jene Menschen, die auf Konventionen pfeifen und bereit sind, eigene Wege zu beschreiten, sind von Natur aus die Anführer. In der Regel drehen sie sich nicht um und überprüfen, ob ihnen jemand folgt – darum geht es ihnen nicht. Ihnen ist wichtig, ihr Leben nach ihren eigenen Vorgaben zu leben. Dies nicht tun zu können würden sie als Scheitern betrachten.

8

Die entscheidende Frage

Warum möchten Sie erfolgreich sein? Dumme Frage, denken Sie jetzt vielleicht. Wer will nicht erfolgreich sein und damit in den Genuss der schönen Seiten des Lebens kommen? Mit den »schönen Seiten« meinen Sie wohl die Annehmlichkeiten, die mit mehr Geld einhergehen. Abgesehen davon, dass es sich dabei um eine sehr einseitige Definition von Erfolg handelt, ist das wohl auch ein frommer Wunsch. Erfolg wird uns nicht auf dem Silbertablett serviert. Um Erfolg zu erzielen, brauchen Sie erst einmal ein Ziel. Das Ziel könnte sein, mehr Geld als momentan zu verdienen. Möglicherweise haben Sie etwas vor Augen, wofür Sie dieses Geld verwenden wollen, ein größeres Haus, einen komfortableren Wagen, die Ausbildung der Kinder, längere oder luxuriösere Urlaube. Ist ein bestimmtes Niveau an materiellem Erfolg erreicht, ist die ursprüngliche Motivation, mehr Geld zu verdienen, nicht mehr wirksam.

Kontrollsucht

Jeder von uns mag es, alles unter Kontrolle zu haben, und es kann sehr beunruhigend sein, herauszufinden, dass es nicht so ist und dass unsere Pläne trotz aller Anstrengung völlig durcheinander geraten. Es gibt Menschen, denen die Vorstellung, die Dinge nicht unter Kontrolle zu haben, solche Angst einjagt, dass sie im Voraus die Ergebnisse festlegen. Das ist zwanghaft. Ich will nicht sagen, dass Sie Ihre Angelegenheiten nicht gut organisieren und systematisch in Angriff nehmen sollen oder nicht versuchen sollen, konsequent auf ein bestimmtes Ziel hinzuarbeiten, das Sie für richtig halten. Aber Menschen, die zwanghaft alles unter Kontrolle haben müssen, haben Angst, sie könnten übervorteilt werden, wenn Sie ihren Weg nicht konsequent verfolgen. Der Gedanke, am Ende nur Zweitbester zu sein, ist ihnen unerträglich. Wenn Ereignisse sich verselbstständigen und sich der Kontrolle entziehen, ist es manchmal das Beste, sich zurückzulehnen und gar nichts zu tun. Am Ende hat man immer etwas daraus gelernt. Kontrollsüchtige Menschen vertrauen weder auf das Leben noch auf sich selbst.

Das eigene Leben

Nur allzu leicht erliegen wir dem Gedanken, das eigene Leben sei vergebens, wir würden als Einzelperson nichts bewirken und seien lediglich eine Nummer. Wir betrachten Politiker, Wissenschaftler, Erfinder, Spekulanten und Finanziers als diejenigen, die tatsächlich etwas bewegen und als die Entscheidungsträger, die unser Schicksal lenken. Auf der einen Seite stehen »wir«, die unbedeutende Masse, auf der anderen »sie«, die großen Macher.

Einen Schritt zurücktreten

Sind Sie in eine Sackgasse geraten, sollten Sie versuchen, einmal außerhalb der üblichen Bahnen zu denken. Wenn etwas schief geht, sucht man nur zu gerne nach einem Sündenbock. Das kann eine andere Person sein, ein besonderer Umstand oder man selbst. Ereignet sich etwas Negatives, hilft es aber niemandem, wertvolle emotionale und mentale Energie zu vergeuden, um die destruktiven Aspekte noch mehr herauszustellen. Uns widerfahrenes Unrecht zu vergelten, indem wir anderen Schaden zufügen, ist keine angemessene Reaktion. Wenn Sie sich in einer schwierigen Situation befinden, steht Ihnen nur eine begrenzte Auswahl positiver Handlungsweisen zur Verfügung. Beantworten Sie sich folgende Fragen: Können Sie die Situation irgendwie ändern? Können Sie vor ihr weglaufen? Können Sie an sich etwas ändern? Können Sie mit der Situation leben? Welche Mittel Ihnen zur Verfügung stehen, um sich aus der Situation zu befreien, muss dabei ebenfalls geklärt werden. Bedenken Sie bei der Wahl der Mittel, wie sich Ihre Entscheidung auf andere und auf Sie selbst auswirkt. Vielleicht ertappen Sie sich dabei, dass Sie nach dem kleinsten Übel suchen. In diesem Fall ist die Aussicht auf Erfolg unweigerlich auf den kurzfristigen Bereich limitiert.

Hüten Sie sich vor Betrügern

Vor kurzem erhielt ich eine Werbe-Mail mit der Verheißung, man könne mir »die Hindernisse aus dem Weg räumen, die Erwachsenen die Hoffnung rauben«. Angeboten wurde – zu einem stattlichen Preis natürlich – ein akademischer Grad, ja sogar ein Doktortitel, der es mir ermöglichen würde, am »Wohlstand teilzuhaben«, der Beschäftigten automatisch in den Schoß falle, wenn sie über »NULL Fähigkeiten oder Erfahrung, dafür aber über dieses Stück Papier verfügen«. Ich erfuhr, dass die Arbeiten, die diese Organisation anfertigt, höchsten akademischen Maßstäben entsprächen und die Dokumente auf erstklassigem Urkundenpapier mit offiziellem Goldsiegel ausgefertigt würden. Nun glaube ich fest an die vielen Belohnungen, die die Universität des Lebens für uns bereithält, doch dies schien mir eine ziemlich unverschämte Art, darauf zuzugreifen. Es wird immer Menschen geben, die uns davon überzeugen wollen, wir könnten auf dem Weg zu unserem Ziel auch eine Abkürzung nehmen. Aber das ist falsch.

Die Zeit vergeht

Was aber ist, wenn Sie nun in den mittleren Jahren sind und der Erfolg weiter denn je entfernt scheint? Das mag gut sein, doch er wird nicht in greifbare Nähe rücken, wenn Sie den Fehler machen, sich an Strohhalme zu klammern. Heutzutage gibt es so viele verschiedene Möglichkeiten, durch Lernen Qualifikationen zu erwerben, falls es das sein sollte, was Sie bremst. Wenn wir Möglichkeiten nicht nutzen und uns selbst dafür tadeln, sollten wir uns vielleicht die Frage stellen, ob wir eine bestimmte Sache auch wirklich wollen. Manchmal halten wir uns ein Ziel vor Augen, ohne jemals aufrichtig daran zu glauben, dass wir es jemals erreichen können. Das könnte zu Enttäuschungen führen, wenn wir nicht aufpassen. Lassen Sie das nicht zu. Verdoppeln Sie entweder Ihren Einsatz, um Ihr Ziel zu erreichen, oder gestehen Sie sich ein, dass es nicht das Richtige für Sie ist.

9

Die landschaftlich schöne Strecke

Die Frage, welcher Weg in unserem Leben der richtige ist, kann uns so verwirren, dass wir am Ende den falschen einschlagen, nur weil ihn alle anderen auch nehmen. Für diejenigen, die genau wissen, was sie wollen, scheint alles so klar und einfach. Doch wenn diese Menschen in die Nähe ihres Ziels kommen und sich den Preis überlegen, den sie dafür bezahlen mussten, stellen sie sehr oft fest, dass sie sich etwas anderes vorgestellt hatten. Es spricht vieles dafür, sich für die längere, dafür landschaftlich schöne Straße zu entscheiden. Man muss dauernd aufmerksam schauen, weil man nie genau weiß, wohin es geht, und infolgedessen merkt man sich besser, was man sieht. Das ist nicht immer der Fall, wenn man den Weg genau kennt.

Gemeinsam zum Erfolg

Meiner Frau Joyce muss ich für die Unterstützung, die sie mir all die Jahre geleistet hat, über die Maßen dankbar sein. Ohne sie hätte ich mit meiner Methode vermutlich nie solchen Erfolg gehabt. Man kann sich den idealen Partner nicht schnitzen, und diesen Partner zu haben heißt noch lange nicht, dass man auch alle seine Ziele verwirklichen kann. Aber es geht nichts über einen sicheren Hafen, von dem aus man sich ohne Argwohn in die Welt aufmachen kann. Möglicherweise landet man gelegentlich hart auf dem Boden, wie es mir anfangs ergangen ist, doch jemanden zu haben, der an einen glaubt und wenn nötig manche Ideen in Frage stellt, ist der Garant dafür, dass man nicht zu sehr vom Weg abdriftet und sich traut, immer wieder einen neuen Anlauf zu nehmen.

Konzentration

Erfolgreich sein zu wollen kann ein einsames Unterfangen sein. Ob wir eine Firma gründen, eine Idee verwirklichen, ein Produkt auf den Markt bringen oder Karriere machen wollen, es erfordert immer eine Menge Zeit und Energie. Selbst wenn wir nicht unmittelbar mit den Hunderten von Einzelheiten beschäftigt sind, derer es bedarf, um unseren Plan in die Tat umzusetzen, ist er immer präsent. Er lässt uns nicht in Ruhe, und irgendwie wollen wir das auch gar nicht. So schwer es uns auch fallen mag, es tut uns gut, zwischendurch eine Auszeit zu nehmen. Wenn wir zu nahe an einer Sache dran sind, verlieren wir das Gesamtbild aus den Augen, und das könnte uns schaden. Gönnen Sie sich Abwechslung. Wenn Sie in eine Arbeit eingebunden sind, die viel geistige Energie beansprucht, schaffen Sie einen Ausgleich durch körperliche Betätigung. Füttern Sie beide Seiten des Gehirns, die rationale und die intuitive – und geben Sie nicht der einen zu viel.

Vorbilder

Es gibt erfolgreiche Menschen, die auf Vorbilder verweisen können, die sie positiv inspirierten oder beeinflussten und ihnen so halfen, ihre Ziele zu erreichen. In dieser Hinsicht fing es bei mir nicht sehr ermutigend an. Meine Eltern konnten mir beide weder in irgendeiner Weise Anregungen geben noch machten sie gesellschaftlich etwas her. Sie machten sich gegenseitig unglücklich und waren zu keiner vernünftigen Kommunikation mit mir oder meinen Geschwistern fähig. Doch obwohl wir ganz und gar nicht auf derselben Wellenlänge waren und sie mir niemals so etwas wie Führung gaben, bin ich überzeugt davon, dass sie mich auf das Leben, das vor mir lag, vorbereiteten und mir auf eigenartige Weise sogar die Fähigkeit mitgaben, für mich das Beste herauszuholen. Wie wir die Politiker bekommen, die wir verdienen, bekommen wir vielleicht auch die Eltern – oder Kinder –, die wir verdienen oder für unsere individuelle Entwicklung brauchen.

Heldenverehrung

Zweifellos kann uns das Beispiel anderer anspornen, auf den Erfolg hinzuarbeiten, den wir uns vornehmen. Doch zuweilen kann es vorkommen, dass wir so große Ehrfurcht vor den Leistungen anderer empfinden, dass sie uns als Vorbild eher lähmen, anstatt uns zu befreien, damit wir loslegen und für unser eigenes Erfolgskonto arbeiten können. Es ist, als hätten wir unsere Kraft auf dieses andere Wesen übertragen und dabei zu wenig für uns selbst übrig gelassen. Wenn die Bewunderung für eine andere Person uns motiviert, ist das gut. Doch wenn sie zu Unzufriedenheit mit uns selbst führt, weil wir diese Person für viel besser halten, ist das schlecht. Wir dürfen niemals zulassen, dass die Bewunderung für andere zu Lasten unseres eigenen Selbstwertgefühls geht.

Natürliche Veranlagung

Ich wuchs in dem Glauben auf, es gäbe so etwas wie eine natürliche Veranlagung, man komme mit einer besonderen Fähigkeit auf die Welt oder besitze sie eben nicht. Sehen Sie sich die Menschen, die Ihnen das erzählen, ganz genau an. Sie haben entweder nie versucht, in einem Bereich Hervorragendes zu leisten, oder haben es vielleicht versucht und glauben, versagt zu haben. Als junger Mann hatte ich kein Talent zum Boxen und fand auch überhaupt keinen Gefallen daran, obwohl ich den großen Schwergewichtsboxer Joe Louis wie einen Helden verehrte. Doch Training, das aus einem gewissen Druck heraus erfolgte – und die Angst, eins auf die Nase zu bekommen –, führten dazu, dass ich manch hartem Gegner überlegen war. Diese Erfahrung lehrte mich, dass man aus sehr wenig eine Menge machen kann. Haben Sie den Wunsch, etwas auszuprobieren, denken Sie nicht lange darüber nach, ob Sie eine Veranlagung dazu mitbringen. Die wächst mit der Übung und dem Engagement.

An Träumen festhalten

Wenn wir jung sind, glauben wir, uns stehe die Welt offen. Wir sehen unseren Namen in Neonbuchstaben aufleuchten. Mit zunehmendem Alter scheinen sich dann die Schwierigkeiten aufzutürmen und unsere Träume zu begraben. Dann fangen wir an, darüber nachzudenken, was alles hätte sein können. Das können wir als normale Entwicklung betrachten, als Einzug der Realität in unser Leben. Aber wir müssen an diesem inneren Glauben, der in jungen Jahren in uns brannte, festhalten, wenn wir unsere Pläne verwirklichen und unsere Ziele erreichen wollen.

10

Die richtige Einstellung zum Leben

Wie wir auf das Leben zugehen hat viel damit zu tun, was es uns letztlich gibt, das gilt auch für den Erfolg. Meine Mutter glaubte, das Leben auf Erden sei dazu da, um ertragen zu werden, und ganz bestimmt nicht, um Freude zu machen. Unglücklicherweise rechnete sie immer mit Problemen, die dann auch alsbald eintraten. Es heißt, Depressionen würden die Widerstandskraft des Körpers gegen Krankheiten herabsetzen. Unter der Last von Traurigkeit und negativen Gedanken arbeite er nicht mehr so wirkungsvoll. Ohne eine positive Einstellung zum Leben haben wir auch keinen gesunden Körper, und ohne gesunden Körper sind wir nicht in der Lage, unsere Träume wahr zu machen.

Pessimismus

Wir wissen, dass es keine gute Idee ist, den Kopf in den Sand zu stecken, wenn etwas schief geht. Doch wie können wir uns selbst motivieren, die nötige Anstrengung zu unternehmen, um unsere Energien in lohnende Projekte zu investieren, wenn wir grundsätzlich allem eine negative oder pessimistische Grundhaltung entgegenbringen? Und sollte uns dies dennoch gelingen, wird unser Pessimismus sehr wahrscheinlich das Pech anziehen. Der Pessimist macht nie die Erfahrung von Erfolg. Egal, was oder wie viel er besitzt, er ist niemals zufrieden. Um wahrhaft erfolgreich zu sein, müssen wir die Pluspunkte in unserem Leben erkennen und honorieren.

Intuition

Wenn wir nicht gerade Künstler sind oder eine kreative Tätigkeit ausüben, benutzen wir die rechte Gehirnhälfte sehr wahrscheinlich öfter als die linke. Die rechte Hälfte ist für das Rationale zuständig, die linke für Intuition oder tiefere Einsichten. Für gewöhnlich werden unsere Entscheidungen und Handlungen von der Vernunft gesteuert, und das ist bei vielen Menschen auch die richtige – vielleicht die einzige – Methode, die sie weiterbringt, selbst wenn die Entscheidungen, die man trifft, auf lange Sicht nicht immer die besten sind. Manchmal hören wir aber auch nur auf einen starken Impuls oder eine Ahnung und tun dennoch das absolut Richtige. Haben Sie keine Angst, auf Ihre inneren Stimmen zu hören. Versuchen Sie, sich genügend »stille« Zeiten zu verschaffen, damit sie an Ihr Ohr dringen können.

Schwierige Phasen

Wenn wir bei dem, was wir tun, auf Schwierigkeiten stoßen, versuchen wir, sie durch Denkleistungen zu überwinden. Dafür ist unser Gehirn schließlich da. Aber wir sollten an einem gewissen Punkt Halt machen. Wir alle sind schon nachts stundenlang wach gelegen und haben ein Problem in allen Facetten durchdacht, haben verzweifelt um eine Lösung gerungen und darauf beharrt, dass sie irgendwo in unserem Kopf vorhanden sein muss, wir müssen sie nur aufstöbern. In einer solchen Situation ist es das Beste, abzuschalten und zu schlafen. Wenn Sie loslassen, werden Sie feststellen, dass die Lösung zu Ihnen kommt. Vielleicht nicht gleich am nächsten oder übernächsten Tag, aber sie kommt.

Schlechte Zeiten

Der Weg zum Erfolg mag für manche Menschen bequem und geradlinig verlaufen, das sind dann in der Regel diejenigen, die schlechte Zeiten leicht nehmen und sie als Bestandteil des Abenteuers betrachten, sich zu einem bestimmten Ziel vorzuarbeiten. Es ist typisch für uns Menschen, dass wir uns in guten Zeiten ungern daran erinnern, dass wir auch schon schlechte Zeiten erlebt haben. Wollen Sie Erfolg haben, müssen Sie ein Gefühl für das richtige Verhältnis mitbringen und dürfen keine Angst vor Gegenwind haben.

Eltern sein, Teil 1

Moderne Eltern halten es für ihre wichtigste Pflicht, dafür zu sorgen, dass ihre Kinder eine gute Ausbildung erhalten und auf die vielen Prüfungen hinarbeiten, die sie dann auch glänzend zu absolvieren haben. Einfach nur zu bestehen gilt als kaum besser als Durchfallen. Man braucht Spitzennoten, um sich an der richtigen Universität einschreiben und den richtigen Kurs belegen zu dürfen. Der Wettbewerb, in den junge Menschen mit ihren Gleichaltrigen treten, ist so hart geworden, dass die Eltern nun aktiv in den Prozess eingebunden sind, als eine Art »Sekundanten« auf dem akademischen Schlachtfeld. Mamas und Papas chauffieren ihre Schützlinge regelmäßig zu allen möglichen Aktivitäten, durch die sie sich einen gewissen Vorteil gegenüber anderen erhoffen. Dass Eltern Anteil an den schulischen Leistungen ihrer Kinder nehmen, hat es immer schon gegeben, doch nun scheint eine Lebensphase, die noch relativ unbeschwert sein sollte, schon von Angst geprägt zu sein. Eltern haben Angst, ihre Kinder könnten es nicht schaffen und Kinder haben Angst, ihre Eltern zu enttäuschen. Entspannt euch alle!

Eltern sein, Teil 2

Um Selbstvertrauen zu entwickeln, muss jedes Kind die Erfahrung machen, dass es eine Sache besonders gut beherrscht. Eine Sache gut zu beherrschen muss dem Kind jedoch auch etwas bedeuten, oder es lohnt sich nicht, sich weiter damit zu beschäftigen. Ich war sehr gut in Mathe, aber das ließ mich völlig kalt. In etwas gut zu sein, das nur

Mittel zum Zweck ist, ist eine ziemlich inhaltslose Angelegenheit, wenn man von jemandem erwartet, einen erheblichen Teil seines Lebens darauf aufzubauen. Ist ein Kind von den Eltern erst einmal auf ein bestimmtes Ziel programmiert worden, kann es diesem Kind sehr schwer fallen, seine eigenen Wünsche zum Ausdruck zu bringen. Wir Eltern müssen dem Kind einen gewissen Freiraum gewähren, in dem es sich entwickeln kann. Jede Minute mit Aktivitäten oder Beschäftigungen auszufüllen, die den Eltern sinnvoll erscheinen, kann auf lange Sicht dem Erfolg des Kindes im Weg stehen. Kein Kind sollte den Druck verspüren, über seine Möglichkeiten hinaus etwas erreichen zu müssen, und jedes Kind sollte die Freiheit besitzen, selbst entdecken zu dürfen, was es erreichen möchte.

Eltern sein, Teil 3

Wenn wir uns verbissen wünschen, dass unsere Kinder erfolgreich werden, indem sie einen einträglichen Beruf ergreifen oder eine steile Karriere verwirklichen, und zu größten Anstrengungen bereit sind, um dies zu gewährleisten, sollten wir unsere Beweggründe dafür ausloten. Häufig wollen Eltern, dass ihr Kind erreicht, woran sie ihrer Meinung nach selbst gescheitert sind. Ein Elternteil wäre vielleicht gerne ein berühmter Sänger, Tennisspieler, Anwalt oder Ähnliches geworden, und will die Enttäuschung über das eigene Versagen nun kompensieren, indem er das Kind zum Erfolg drängt. Ganz abgesehen von dem Schaden, den Eltern dem Kind zufügen, indem sie sich sein Leben aneignen, schaden sie auch sich selbst. Wir können eine andere Person nicht unser Leben leben lassen. Natürlich können wir Erfahrungen weitergeben, gute wie schlechte, aber jedes Leben verläuft in eigenen Bahnen, und wir können nicht zwei Wege gleichzeitig beschreiten.

Ein Schattendasein führen

Auch wenn Kinder, und vor allem Jugendliche, nach außen einen anderen Eindruck erwecken, kann man die meisten von ihnen anleiten, ein Gespür für ihren Platz in der Welt zu entwickeln. Die Erwartungen anderer Menschen erfüllen zu wollen kann eine große Last darstellen. Bei Kindern erfolgreicher Eltern nimmt man meist an, sie hätten es leichter als Kinder von Eltern, die keine besondere Stellung einnehmen – man zieht an einer Schnur und schon öffnet sich eine viel versprechende Tür. Allerdings besteht immer der Druck, es den Eltern gleichtun zu müssen oder vielleicht sogar besser zu werden. Diese Art von Erfolg spielt sich in einem sehr engen Rahmen ab, der sich an Äußerlichkeiten und messbaren Erfolgen orientiert. Sind wir erst einmal auf diese Schiene geraten, kann es sehr schwierig sein, das Blickfeld zu erweitern und die Arten von Erfolg mit einzubeziehen, die wir auf einer persönlicheren Ebene antreffen.

Programmierung

Es sei Ihnen nachgesehen, wenn Sie glauben, es gebe Menschen, deren Lebensweg vorherbestimmt ist. Man denke dabei nur an die vielen Berufe und Firmen, die innerhalb einer Familie weitergeführt werden. Die Lebensweise, die wir uns aussuchen, hängt sehr stark von unserem familiären Umfeld und dem Einfluss der Eltern ab. Aber Erfolg bedeutet nicht, auf Automatik zu schalten. Die Frau eines berühmten und hochverehrten Schriftstellers bekannte am Ende ihres Lebens, absolut nichts von dem getan zu haben, was sie eigentlich gewollt hätte. Sie hatte ihre ganze Energie für den Erfolg und das Ansehen ihres Mannes eingesetzt. Mit ihm starb auch ihr ganzer Lebenszweck und sie verbrachte die letzten 20 Jahre ihres Lebens im Bedauern darüber. Selbstlosigkeit kann durchaus als Erfolg betrachtet werden, wenn man am Ende das Gefühl hat, sein Leben sinnvoll gelebt zu haben, aber sie muss von innen heraus kommen.

Berufsberater

Gegen Ende meiner Schulzeit saß ich in verschiedenen Veranstaltungen, bei denen Vertreter bestimmter Berufssparten versuchten, uns für eine Laufbahn in ihrer Branche zu begeistern. Ich erinnere mich an den leitenden Angestellten einer örtlichen Bank, der uns erklärte, wie jeder Vierte von uns es zu einem Managerposten bringen und dabei eine Menge Geld verdienen könnte. Alle bis auf einen waren davon sehr beeindruckt. Als der Manager sagte, durch das Bankwesen erfahre man auch eine Menge über andere Berufe, fragte der eine Junge, der nicht beeindruckt war, wie denn die Chancen für ihn stünden, Platzwart im Sportverein zu werden. Alle lachten lauthals los, als hätte er einen Witz gemacht. Doch er meinte es wirklich ernst. Er machte gerne Sport und wollte Platzwart werden. Ich hoffe nur, dass dieser Junge seinen Wunsch verwirklicht hat.

Freunde

Gute Freunde sind wichtig, damit wir uns wohl fühlen – und alles, was dafür wichtig ist, brauchen wir auch, damit wir Erfolg haben. Zögern Sie nie, Ihren Freundeskreis auszuweiten oder sich aus einem Kreis zu lösen, wenn sich Ihnen eine andere Gelegenheit bietet, die Sie nutzen möchten. Wahre Freunde bleiben uns immer erhalten, egal, was passiert. Räumliche Entfernung oder mangelnde Gelegenheiten, sich regelmäßig zu treffen, können eine Freundschaft nicht zerstören. Zugegeben, es macht die Sache etwas schwieriger, bedeutet aber keinesfalls das Ende. Die dauerhaften Freundschaften sind jene, um die man sich nicht permanent bemühen muss. Und es sind auch jene, die wir nicht nach Plan pflegen, sondern die spontan und natürlich verlaufen.

Mit wem wir zusammen sind

Unsere Fortentwicklung im Leben kann maßgebend von den Menschen unterstützt oder gebremst werden, mit denen wir zu tun haben, sei es in der Arbeit oder privat. Allerdings wird es immer mehr zur Regel, dass die Arbeitskollegen gleichzeitig auch unsere Freunde sind, in manchen Fällen die einzigen. In gewissen Berufen nimmt die Arbeit so viel Zeit und Energie in Anspruch, dass die Menschen keine sozialen Kontakte außerhalb des Büros mehr knüpfen und pflegen können. Die wenige Freizeit, die noch bleibt, konzentriert sich auf das Ende des Arbeitstages, der von Druck, Überstunden und knappen Terminen geprägt ist. Was ist daran falsch? Rein gar nichts, solange diese freie Zeit der Entspannung und dem Austausch positiver Gedanken dient. Aber es ist unwahrscheinlich, dass Sie zu Kollegen echte Freundschaften entwickeln, wenn Sie in der gemeinsam verbrachten Zeit unnütz Probleme durchkauen, über andere Kollegen herziehen und – wenn es sich um besonders unsichere Menschen handelt – mit bestimmten Dingen angeben. Menschen, die auch nur einen Funken Sensibilität besitzen, tragen von solchem Umgang psychischen Schaden davon und sollten einen großen Bogen darum machen.

11

Entscheidungen treffen

Gewisse Entscheidungen im Leben werden uns abgenommen, vor allem in jungen Jahren. Ich wünschte mir nicht, um jeden Preis Wirtschaftsprüfer zu werden. Im Grunde hatte ich überhaupt keinen Berufswunsch. Ich war gut in Mathe und Berufsberater ermutigten mich, mir etwas in diese Richtung zu suchen. Wir können Entscheidungen nur von der Position aus treffen, in der wir uns zum relevanten Zeitpunkt befinden und aufgrund der Erfahrungen, die wir bis dahin gemacht haben. Zu Beginn können wir nur auf sehr wenig zurückgreifen. Auch wenn ich nicht überzeugt bin, dass wir allein für unser Schicksal verantwortlich sind, sobald wir das Erwachsenenalter erreicht haben, müssen wir versuchen, ausgehend von dem bisher angesammelten Wissen über uns selbst Entscheidungen zu treffen, die wir selbst für richtig halten.

Ehrgeiz

Ehrgeiz ist eine der Grundvoraussetzungen für Erfolg, viele halten ihn sogar für den wichtigsten Faktor überhaupt. Ohne ihn ergreift man keine Initiative, und wie sollte man erfolgreich sein, wenn man keine Tatkraft an den Tag legt? Mit Ehrgeiz ist allerdings noch ein anderer Aspekt verbunden, nämlich der Wunsch, etwas zu »sein«. Man kann sich alles wünschen: Musiker, Bauunternehmer, dünner, größer, hübscher oder einfach nur gut zu sein. Sie treffen die Wahl. Wesentlich ist, dass man etwas »tun« muss, um das zu erreichen, was man »sein« möchte.

Verschiedene Straßen ausprobieren

Zuweilen haben wir das Gefühl, ständig auf der Stelle zu treten und keinerlei Fortschritte zu erzielen. Das kann selbst dann der Fall sein, wenn wir uns ein Ziel gesetzt haben und alles daran setzen, es zu erreichen. Doch ausgeprägter ist dieses Gefühl, wenn wir uns nicht sicher sind, wo wir überhaupt hinwollen. Ich begann meine berufliche Laufbahn als Bürogehilfe in einer Wirtschaftsprüfungsfirma. Ich wollte unbedingt mehr erreichen als Briefmarken abzulecken und Tee zu kochen, und das gelang mir schließlich auch. Der Weg bis zu meiner Zulassung als Wirtschaftsprüfer war bei weitem erfüllender als das, was danach kam, nachdem ich meine Berufsausbildung mit allen dazugehörigen Prüfungen abgeschlossen hatte. Am Ziel angekommen, stellte ich fest, dass ich dort nicht sein wollte. Doch das hätte ich niemals herausgefunden, wenn ich anfangs nicht bereit gewesen wäre, etwas zu »tun«. Das Leben hält viele Sackgassen bereit, meist lehrreiche, und so wie man hineingeraten ist, wird man auch einen Weg hinausfinden. Festzustellen, was nicht zu uns passt, ist genauso wichtig wie zu entdecken, was zu uns passt.

Eine Frage der Größe

Ist Ihnen schon einmal aufgefallen, dass größer oft mit besser gleichgestellt wird? Wirtschaftlich gesehen wird das oft als der einzige Weg nach vorne betrachtet. Firmen werden angehalten zu expandieren, kleinere Unternehmen zu verschlingen oder in ihre Konsortien einzubinden. Als Geschäftsmann wirft man Ihnen vor, das Potenzial Ihres Unternehmens nicht auszuschöpfen, das heißt den Erfolg zu bremsen, wenn Sie nicht wachsen wollen. Vor kurzem las ich in einem Zeitungsartikel, viele Chefs kleinerer Unternehmen würden selbst einen Teil des »Problems« darstellen, dass die Firma klein bleibt, weil sie die Kontrolle über das Tagesgeschäft nicht aus der Hand geben wollen. Dabei setzte man voraus, Zweck eines jeden Geschäftes sei es, so viel Geld wie möglich zu verdienen und der einzige Weg, dies zu erreichen, sei Expansion. Hier scheint mir der Schwanz mit dem Hund zu wedeln. Welche Ziele haben die Menschen, die die Firmen gegründet haben? Fühlen sich die Leute, die diese Unternehmen ins Leben gerufen haben, nur wohl, wenn sie unmittelbar etwas tun können, ist Expansion ganz klar nichts für sie. Lassen Sie sich niemals zum Sklaven irgendwelcher Theorien machen.

Bedauern

Wir machen alle Fehler, und je heftiger wir uns nach vorne arbeiten, umso wahrscheinlicher ist es, dass uns welche unterlaufen. Wenn wir eine schlechte Entscheidung getroffen haben, kann dies unser Selbstvertrauen schwächen und bewirken, dass wir uns massiven Selbstvorwürfen aussetzen. Führt dies am Ende dazu, dass wir ein objektives Bild von uns selbst und unseren Beweggründen gewinnen, ist alles gut. Aber uns lediglich selbst zu tadeln und zu bedauern, was wir gemacht haben, kann weder dazu beitragen, dass wir uns von dem Misserfolg erholen oder, falls dies erforderlich sein sollte, dass wir unseren Fehler wieder gutmachen. Die Gedanken andauernd um Rückschläge in der Vergangenheit kreisen zu lassen ist auch eine Art von Egoismus, das »Mir-geht-es-viel-schlechter-als-den-anderen«-Syndrom. Denken Sie über eine Lösung nach, aber nur so lange, bis sie davon überzeugt sind, die richtige gefunden zu haben.

Selbstgefälligkeit

Viele Menschen lassen sich durch den Zwang, anderen gefallen zu wollen, davon abhalten, ihren eigenen Bedürfnissen gerecht zu werden. Über die Politik heißt es, man kann ein paar Leute eine gewisse Zeit an der Nase herumführen, aber nicht alle Leute die ganze Zeit. Dasselbe trifft auf den Wunsch zu, anderen gefallen zu wollen. Leute, die das versuchen, sind auf der Suche nach Zustimmung, Liebe und Aufmerksamkeit oder müssen irgendein anderes Defizit kompensieren, das sie zu haben glauben. Doch genau das führt zu Unzufriedenheit und Frustration. Achten sie unbedingt darauf, wie sich Ihr Handeln auf andere Menschen auswirkt, aber lassen Sie nicht zu, dass Ihre Wünsche und Bedürfnisse von denen anderer überschattet werden. Sonst schaffen Sie den Nährboden für Konflikte, die dazu führen, dass Ihr Tun niemandem gefällt, nicht einmal Ihnen selbst.

Loslassen

Wir sammeln auf unserem Lebensweg eine Menge Ballast auf. Mit Ballast meine ich negative Anhängsel, die an uns kleben bleiben. Vielleicht bemerken wir nicht einmal, dass wir uns in einer solchen Situation befinden. Alles scheint ganz normal. Aber es ist ein bisschen wie das langsame Nachlassen der Sehkraft, es erfolgt so schleichend, dass wir es oft gar nicht bemerken, bis wir feststellen, dass wir auf einmal nicht mehr alles so gut erkennen wie andere. Unsere Welt wird dadurch kleiner. Eine zu enge Verbindung mit bestimmten Ideen, Menschen oder Besitztümern kann ähnliche Folgen haben. Erfolg hängt davon ab, uns selbst, die Menschen um uns herum und die Situationen, denen wir ausgeliefert sind, scharf zu sehen. Wir müssen die Welt akzeptieren, wie sie ist, und dürfen uns nicht einreden, wir wüssten, wie sie zu sein hat.

12

An sich selbst glauben

Wenn wir selbst an uns glauben, brauchen wir keine Angst vor anderen Menschen zu haben, weder vor ihrer Meinung noch dass sie besser als wir sein könnten. Ich brauchte sehr lange, um zu erkennen, dass die Leute mich nach meinem Äußeren beurteilten. Treten Sie auf eine bestimmte Weise in Erscheinung, halten viele Menschen das für Ihr wahres Bild. An sich selbst zu glauben heißt nicht hinzunehmen, was andere von uns halten, vor allem nicht das Negative. Was zählt ist zu wissen, wer man ist und sich dabei gut zu fühlen.

Selbstvertrauen

Selbstvertrauen kann uns schon von frühester Kindheit an vermittelt werden. Ich erinnere mich gut, dass ich mich als junger Mann sehr linkisch und weltfremd fühlte, wenn ich mit anderen jungen Männern zusammen war, die teure Privatschulen besucht und alle Annehmlichkeiten genossen hatten, die mit ihrer besseren Herkunft verbunden waren. Keiner von ihnen schien auch nur eine Sekunde daran zu zweifeln, dass er später einmal zu denen zählen würde, die eine Führungsposition bekleiden, und nicht zu denen, die geführt werden, und dass ihm das Schicksal einen Platz ganz oben zugedacht habe. Die Zeit, die ich in solcher Gesellschaft verbrachte, war meinem Selbstwertgefühl nicht gerade förderlich, weckte aber auch nicht den Wunsch in mir, genauso zu werden wie sie, obwohl ich zugeben muss, dass ich sie manchmal schon um ihre eleganten Umgangsformen beneidete. Wenn Sie ein reines Gewissen haben, sollten Sie sich niemals dessen schämen, was Sie sind. Dieses mit der Erwartung verbundene Mega-Selbstvertrauen, die Welt würde ihre Reichtümer über einem ausschütten, kann auch den Appetit auf das Leben und aufrichtigen Erfolg verderben.

Bildung oder Intelligenz

Ich hielt Bildung und Intelligenz lange Zeit für ein und dasselbe und bereute es unglaublich, nicht auf die Universität gegangen zu sein. Ich hatte mich nicht für schlau genug gehalten und meine Eltern bestätigten mich darin. Dabei ist weitaus besser, intelligent als gebildet zu sein. Man kann seine Intelligenz einsetzen, um sich die Bildung zu verschaffen, die einem fehlt, aber Bildung verhilft nicht zu Intelligenz, da kann man noch so viele Bücher lesen oder Studiengänge belegen. Ihre Intelligenz gehört zu Ihrem wichtigsten Kapital. Bauen Sie darauf auf, bedienen Sie sich ihrer, um Ihre Ziele zu erreichen.

Herkunft

Wir dürfen uns durchaus bewusst sein, nicht zur »richtigen« Gesellschaftsschicht oder Gruppe zu gehören, doch es wäre ein Fehler zu glauben, das könne uns bremsen. Ich hatte anfangs einiges an Wut in mir, als ich mich in meiner Arbeit mit den Kollegen aus besserem Haus herumschlagen musste. Im Lauf der Zeit fielen mir jedoch zwischen uns mehr Ähnlichkeiten auf als Unterschiede. Unsere Herkunft versieht uns mit einem dünnen Überzug, der leicht abzukratzen ist. Was zählt, ist die Person, die darunter zum Vorschein kommt. Jeder von uns hat die Fähigkeit zu beobachten, zu lernen und seine Persönlichkeit oder Fähigkeiten weiterzuentwickeln – also alles, was man braucht, um erfolgreich zu sein.

Fromme Wünsche

Viele von uns lassen sich im Leben treiben und hoffen, irgendwann würde sich vor ihnen eine Tür auftun und ihnen den Zweck ihres Daseins aufzeigen. Wir sehen andere Leute und sind sofort davon überzeugt, dass es bei denen so war. Wenn wir uns nicht sicher sind, was wir gerne möchten, erscheinen uns die Kirschen in Nachbars Garten immer süßer. Solange wir unsere aktuelle Situation nicht realistisch bewerten, können wir uns einreden, der Erfolg würde uns irgendwann auf dem Silbertablett serviert, und wir müssten einfach nur zugreifen. Aber wir müssen Erfolg selbst zustande bringen. Er sitzt nicht irgendwo da draußen vor unserer Haustür und wartet, dass wir ihn hereinbitten.

13

Die eigenen Grenzen akzeptieren

Dass man sich Erfolg erarbeiten muss, und manchmal sogar sehr hart, steht außer Frage. Wir kennen diese Geschichten von Leuten, die 18 Stunden am Tag gearbeitet und nachts gebüffelt haben, um ein bestimmtes Ziel zu erreichen. Wie es unterschiedlichste Arten von Erfolg gibt, gibt es auch unterschiedlichste Arten, diesen zu erringen. Verstehen Sie mich nicht falsch, jede Art von Erfolg setzt harte Arbeit und großen Einsatz voraus, was aber nicht bedeutet, dass Sie sich in ein Nervenbündel oder körperliches Wrack verwandeln müssen. Manche Menschen können sich selbst mehr abverlangen als andere, doch im Allgemeinen geht das nicht endlos, ohne einen Preis dafür bezahlen zu müssen. Sie müssen sich Ihrer Grenzen bewusst sein. Um sie auszuloten, müssen Sie wahrscheinlich mindestens einmal an sie stoßen. Wissen Sie bereits, wo Ihr Limit liegt, sollten Sie versuchen, sich innerhalb dieses Bereiches aufzuhalten.

Aufputscher

Wir können uns einreden lassen, ein paar Aufputschmittelchen würden uns gute Dienste leisten, unser Ziel zügig zu erreichen. Frühstück und Mittagessen lassen wir vielleicht ausfallen, ohne groß darüber nachzudenken, doch auf genau diese Tasse Kaffee oder Zigarette verzichten wir nicht so bereitwillig. Vermutlich entscheiden wir uns nicht bewusst, den Konsum zu steigern, doch er nimmt unweigerlich zu. Tatsache ist aber, dass wir es uns schwerer machen, Erfolge zu erzielen, wenn wir uns auf solche Krücken stützen. Alle Arten künstlicher Stimulantien fordern ihren Preis, und das ist Ihre Gesundheit. Sie verlangen Ihnen viel mehr ab, als Sie Ihnen kurzfristig geben können. Es ist nicht besonders sinnvoll, Erfolge zu erzielen und dann festzustellen, dass man sie nicht mehr genießen oder ausdehnen kann, weil der Körper am Ende ist.

Ihr Körper ist Ihr höchstes Gut

Wenn wir mit unserem Körper unvernünftig umgehen, wird er uns früher oder später dafür bestrafen. Mich versetzte meine Abhängigkeit vom Tabak in einen erbärmlichen Zustand, und ich hatte keine Freude mehr am Leben, weil ich mich von dem »großen Monster« beherrscht fühlte. Gewiss sind nicht alle Raucher bereit, die dunkle Seite des Rauchens zu überdenken oder realistisch zu sehen, da geht es ihnen nicht anders als jenen, die sich nur von Fast Food ernähren und nicht hören wollen, dass sie damit ihren Körper eher vergiften, als ihn mit Nahrungsmitteln zu versorgen. Warum spreche ich das an? Nun, wie wir unseren Körper behandeln und was wir ihm zuführen, wird sich früher oder später auf unsere Leistungsfähigkeit auswirken, wenn wir nicht die berühmte Ausnahme bilden. Als junge Menschen stecken wir solchen Raubbau noch ganz gut weg, weil unser Körper erstaunlich robust ist, doch mit zunehmendem Alter macht er eine Rechnung nach der anderen auf. Es ist auch ohne diese Fußfesseln, die wir unserem Körper verpassen, schon schwer genug, Erfolg zu haben.

Überflieger

Unsere Vorstellungen davon, was es bedeutet, erfolgreich zu sein, können uns davon abbringen, es selbst zu versuchen. Dies ist besonders dann der Fall, wenn wir dazu neigen, die Einteilung von »die da oben« und »wir hier unten« zu übernehmen. »Die da oben« sind jene, die es »geschafft« haben und »wir hier unten« die große Masse, die sich die Nase an der Glasscheibe platt drückt, die beide Gruppen voneinander trennt. Menschen, die Erfolg haben, sind keine Überflieger, die über mehr und bessere Fähigkeiten verfügen. Bei genauerem Hinsehen sind die meisten erfolgreichen Menschen ziemlich normal. Sie sind menschliche Wesen, die auf die eine oder andere Art ihre Tatkraft auf ein besonderes Vorhaben konzentriert haben.

Distanz bewahren

Achten Sie darauf, dass Sie in einem Projekt, einer Situation oder einer Person nicht zu sehr aufgehen und von Zeit zu Zeit einen Schritt zurücktreten, um Bilanz zu ziehen. Wenn es sich um etwas wirklich Gutes handelt, werden Sie es noch mehr schätzen, und falls etwas Negatives im Spiel sein sollte, wird es Ihnen bewusst. Die meisten von uns müssen dies in regelmäßigen Abständen mit Ihren Finanzen machen, doch nur selten wenden wir das Prinzip auf persönliche Bereiche unseres Lebens an. Nur wenn wir uns emotionale Freiräume zugestehen, treten unsere wahren Gefühle nach außen. Die wenigsten Menschen gestehen sich gezielt Zeit zum Nachdenken zu, weil sie Angst davor haben, sich den Trugbildern zu stellen, die sie sich geschaffen haben. Wie oft haben Sie schon Leute, die zu einer Antwort oder Entscheidung gedrängt werden, sagen hören: »Ich habe keine Zeit!« Ein Leben wird aber nicht erfolgreich, wenn es auf Autopilot eingestellt ist, und wir können es nicht ewig darauf schieben, dass wir zu viel um die Ohren haben, wenn wir uns nicht mit schmerzhaften Einsichten auseinander setzen.

Höflichkeit

Haben Sie schon einmal bemerkt, dass man eine wahre Kettenreaktion auslösen kann, indem man seinen Mitbürgern höflich und freundlich begegnet? Mir ist das schon wiederholt beim Autofahren aufgefallen. Lassen Sie jemanden aus einer Parklücke herausfahren, oder gewähren Sie ihm in einer komplizierten Verkehrssituation die Vorfahrt, wird dieser Autofahrer sehr häufig ein paar hundert Meter weiter gegenüber einem anderen Verkehrsteilnehmer ebensolche Rücksicht walten lassen. (Aber ganz offensichtlich funktioniert es nicht immer, manche Fahrer verhalten sich grundsätzlich egoistisch, und es kommt ihnen nicht annähernd in den Sinn, Fremden einen Gefallen zu erweisen.) Trotz der Ausnahmen, die die Regel bestätigen, gefällt mir die Vorstellung, dass sich Höflichkeit wie durch einen Schneeballeffekt fortsetzt und ganz vielen Menschen zugute kommt. Mit kleinen Gesten können wir dafür sorgen, dass andere sich wohl fühlen und so die Welt zu einem schöneren Ort machen.

Was du willst, das man dir tut …

Höflichkeit sollte uns leiten, wenn wir uns als anonyme Wesen in der Öffentlichkeit bewegen. Eine Kettenreaktion guter Absichten können wir aber auch durch unser Verhalten gegenüber jenen, mit denen wir in direktem Kontakt stehen, in Gang setzen. Wenn wir versuchen, andere Menschen so gut wie möglich zu behandeln, werden wir feststellen, dass wir einen Lohn dafür erhalten. Damit will ich Ihnen nicht raten, in der Absicht auf Profit zu handeln – es scheint einen eingebauten Mechanismus zu geben, der solche Erfolge verhindert –, aber es ist erstaunlich, wie wohl man sich fühlt, wenn man sich uneigennützig verhält.

14

Die Richtung festlegen

Manchmal stehen wir uns unbewusst selbst im Weg, wenn wir eine Richtung für unser Leben festlegen sollen. Äußere Belange können uns so in Anspruch nehmen, dass wir keine Aufmerksamkeit darauf verwenden, wie wir uns ganz tief in unserem Inneren fühlen. Doch in unserem Innenleben liegt der Schlüssel zu unseren wahren Wünschen. Wenn wir diese unbeachtet lassen, können wir einen Konflikt auslösen, der weit reichende negative Folgen für uns nach sich zieht. Offensichtlich kann man mit dem inneren Ich auf unterschiedliche Weise kommunizieren. Doch in der Regel entsteht der Kontakt dann, wenn wir über nichts Bestimmtes nachdenken oder nicht von dem »weißen Rauschen« überall um uns herum abgelenkt werden. Nehmen Sie sich vor, regelmäßig Ruhephasen einzuplanen, in denen sich diese leise, aber extrem wichtige Stimme aus dem Inneren Gehör verschaffen kann. Versuchen Sie nicht, sich darauf zu konzentrieren. Entspannen Sie sich einfach. Sie werden überrascht sein, welche Gedanken sich dann einstellen.

Dem Leben ein Lächeln schenken

Wenn es im Leben nicht gut läuft, fühlen wir uns vom Schicksal gebeutelt. Aus irgendeinem Grund ist das Glück nicht auf unserer Seite, ohne dass wir etwas dafür können. Aber nichts steht dem Erfolg mehr im Weg als die Überzeugung, zu den Opfern zu gehören. Jeder von uns hat mal Glück und mal Pech. Keiner entkommt dem Auf und Ab des Lebens, und nur sehr, sehr wenige Menschen bekommen nur Glück oder nur Unglück ab. Es mag abgedroschen klingen, aber tendenziell lernen wir aus den schlechten Erfahrungen mehr als aus den guten, weil wir das, was uns in guten Zeiten widerfährt, nur allzu leicht als selbstverständlich betrachten. Der Künstler Raoul Dufy wurde einmal gefragt, ob das Leben ein Lächeln für ihn übrig gehabt habe. Er antwortete, er habe immer ein Lächeln für das Leben übrig gehabt. Eine bessere Antwort kann ich mir nicht vorstellen.

Etwas Lohnendes

Wenn wir noch nie Erfolg erfahren haben, können wir sein »Wesen« nicht voll und ganz ermessen, oder vielleicht sollte ich besser sagen »unser« Wesen. Auf das Erreichen jedes Zieles folgt das Gefühl »Was jetzt?«, und die Suche nach der nächsten Herausforderung setzt ein. Erfolg, der sich darum dreht, Reichtümer anzuhäufen, kann sehr bald nicht mehr interessant oder aufregend genug sein, und die Frage »Was jetzt?« kann eine tiefere Bedeutung erhalten. Erfolg, der für die Person, die ihn erzielt hat, keinen Wert besitzt, kann sehr unbefriedigend sein. Ich hörte einmal einen sehr erfolgreichen Geschäftsmann sagen, er habe das Gefühl, er müsse noch etwas Lohnendes leisten, bevor er stirbt. Das, so erklärte er, wäre für ihn der »größte Erfolg«.

Das egoistische Gen

Es ist wissenschaftlich nachweisbar, dass wir als Egoisten geboren werden und dies unserer natürlichen Haltung entspricht (nachzulesen in *Das egoistische Gen* von Richard Dawkins). Das kann für Menschen, die ihre Skrupel ablegen wollen, um ein Ziel zu erreichen, eine willkommene Ausrede sein. Egoismus ist aber auf dem Weg zum Erfolg nicht unvermeidbar und ganz bestimmt nicht erstrebenswert. Wie heißt es doch so schön: »Niemand ist eine Insel.« Überlegen Sie, in wie vielen Situationen Sie von anderen abhängig sind und wie die Gesellschaft uns zusammenschmiedet. Wenn wir einen positiven Beitrag zum Wohl der Allgemeinheit leisten wollen, müssen wir uns darüber Gedanken machen, wie unser Handeln andere beeinflusst. Wollen Sie etwas wirklich Lohnendes schaffen, müssen Sie versuchen, jeglichen Egoismus abzulegen.

Habgier

Kapitalismus erfordert, wenn er erfolgreich sein will, das heißt profitabel, einen bestimmten Grad an Eigeninteresse, um nicht zu sagen Habgier. Eigeninteresse lasse ich gelten, Habgier aber nicht. Immerhin handelt es sich dabei um eine der sieben Todsünden. Die Habgier sagt, man kann nie zu viel haben, genug ist nie genug. Wir leben alle gerne im Wohlstand, aber irgendwann erreichen wir einen

Punkt, an dem unser Bedarf nicht mehr steigt, egal, ob es sich um Essen, Kleidung, Gebrauchsgüter oder andere weltliche Genüsse handelt. Menschen, die über diesen Punkt hinaus Geld verdienen wollen, müssen einen psychischen Defekt aufweisen. Manche Arten von Erfolg können auch ziemlich schnell ihren Glanz verlieren. Die Erfolge, die anhaltend Wirkung zeigen, sprechen eine sehr existenzielle Seite in uns an und haben nichts mit dem Wunsch nach Besitztümern zu tun. Erfolg muss nicht auffallen und genau wie Konsum kann er still und ohne großes Aufheben erfolgen.

Sie sind nicht allein

Von Managern in Spitzenpositionen habe ich schon gehört, Geld zu machen sei ein einsames Geschäft, weil man alle großen Entscheidungen alleine treffen müsse und kein Wort über seine Pläne verlieren dürfe, um nicht zu riskieren, dass sie vereitelt würden. Selbstvertrauen ist eine Grundvoraussetzung, damit ein Vorhaben von Erfolg gekrönt wird, vor allem, wenn es einzig und allein von Ihrem persönlichen Einsatz abzuhängen scheint, ob Sie Ihr Ziel erreichen. Es kann aber lehrreich sein, einen Schritt zurückzutreten und realistisch einzuschätzen, ob Sie wirklich alleine dastehen. Ich habe meine Methode zwar selbst entwickelt, doch ich bin mir nicht sicher, ob ich damit an die Öffentlichkeit getreten wäre, wenn ich nicht die Hilfe und Unterstützung anderer gehabt hätte. Bei jedem erfolgreichen Vorhaben gibt es Glückstreffer, hilfreiche Geister und Zuarbeiter, die den Weg ebnen. Vergessen Sie diese nie, und versäumen Sie es nicht, ihren Beitrag zu honorieren.

15

Krisenbewältigung

Wie erfolgreich wir tatsächlich sind, finden wir erst heraus, wenn wir auf Schwierigkeiten stoßen. Diese sind aber nicht der Gegenentwurf zum Erfolg. Manchmal sind sie die Voraussetzung dafür. Es ist einfach, Probleme als persönliche Kränkung zu verstehen. Doch wie wir bereits gesehen haben, kann diese Einstellung zu keiner Lösung führen, im Gegenteil, es besteht die Gefahr, dass die Probleme dadurch noch größer werden. Vielleicht sehen Sie sich früher als erwartet damit konfrontiert, einen geliebten Menschen zu verlieren oder sich mit dem eigenen Tod auseinander setzen zu müssen. In einem solchen Fall werden Sie nicht leichter damit zurechtkommen, wenn Sie in materieller Hinsicht erfolgreich sind, als jemand, der nicht über diesen Vorteil verfügt. Wie gut wir Rückschläge im Leben verarbeiten hängt davon ab, welche Techniken wir für solche Fälle entwickelt haben. Oft werden diese Techniken Teil unseres Rüstzeugs für das Leben, ohne dass wir es bemerken, nämlich dann, wenn wir auf richtige Weise gelebt, uns Herausforderungen gestellt und versucht haben, unser Bestes zu geben.

Keine Etiketten

In Amerika werden Busse »loser cruiser« genannt, was in etwa so viel bedeutet wie Lumpensammler. Ich benutze heutzutage kaum öffentliche Verkehrsmittel. Wie die meisten Menschen ziehe ich die Unabhängigkeit und den Komfort eines eigenen Wagens vor. Doch niemals wäre es mir in den Sinn gekommen, Menschen, die den Bus nehmen, als so eine Art Unterschicht der Gesellschaft zu betrachten. Etiketten können eine gefährliche Sache sein, insbesondere wenn wir sie verwenden, um uns selbst auf Kosten anderer besser darzustellen. Jemanden als »Verlierer« zu bezeichnen, als jemanden, der keinen Erfolg hat, weil er ein billiges Fortbewegungsmittel benutzt, zeugt von einem falschen Wertesystem. Uns unbekannte Menschen nach derart willkürlichen Kriterien einzustufen verengt unseren Blickwinkel. Je mehr wir uns von denen distanzieren, die über keine so guten Lebensumstände verfügen, umso mehr entfernen wir uns von der Realität im weitesten Sinn.

Sahne oder saure Milch

Sahne setzt sich nach einiger Zeit oben ab, genauso wie Talent. Doch niemand von uns fängt als »Sahne« an, man sichert uns den Erfolg, den wir gerne hätten, nicht fest zu, und es bleibt wirklich uns überlassen, ob wir am Ende Sahne werden oder saure Milch. Wir können einen schlechten Einstieg dafür verantwortlich machen, wenn sich unsere Chancen auf Erfolg verzögern oder völlig zerschlagen, doch das hieße, die Wirklichkeit völlig falsch zu verstehen. Was wir sind, entspricht nicht immer automatisch dem, wie wir aufgewachsen sind. Jeder von uns hat bei seiner Geburt etwas mit auf die Welt bekommen, das mit unserem Aufwachsen überhaupt nichts zu tun hat. Menschen, die es in ihrem Bereich gegen alle Widrigkeiten an die Spitze geschafft haben, werden dies sicher bestätigen. Negative Umstände machen es in bestimmten Situationen vielleicht schwieriger, erfolgreich zu sein, schließen es aber nicht grundsätzlich aus, und in manchen Fällen wirken sie sogar als Katalysator.

Fortuna

Wenn man sie nicht auf seiner Seite hat, glauben manche, könne man gleich die Flinte ins Korn werfen. Das mit dem Glück ist etwas Eigenartiges. Manchmal führt eine vermeintliche Glückssträhne nicht zum erhofften Resultat, und Pechsträhnen können sich als genau das Gegenteil erweisen, nach dem Motto, es gibt immer einen Silberstreif am Horizont. Es sei Ihnen nachgesehen, wenn Sie glauben, das Glück sei eine willkürliche Erscheinung, die nach Lust und Laune zum Fenster herein- oder hinausschwebt. Welche Seite der Münze sich uns zeigt, hängt zum Großteil davon ab, was wir selbst dazu tun. Die so genannten Macher sind selbst ihres Glückes Schmied, indem sie es durch ihren Einsatz anziehen. Auf ein Ziel hinarbeiten, ist ein bisschen wie eine unwiderstehliche Kraft zu schaffen, die auf sich selbst abstrahlt. Ob sie Glück oder Pech abstrahlt, hängt von Ihnen ab.

Kosten und Nutzen

Man geht allgemein davon aus, dass Erfolg einen gewissen Nutzen mit sich bringt. Wenn wir eine Gehaltserhöhung oder eine bessere Stelle bekommen, können wir uns mehr und bessere Dinge leisten und werden von Menschen, die uns nicht kennen, eher respektiert. Doch was geschieht, wenn die Vorteile, die wir erfahren haben, auf einmal ausbleiben und wir den Status, der damit verbunden war, verlieren? Vielleicht wird unsere Stelle ohne unser Verschulden wegrationalisiert oder das Geschäft, für das wir uns einsetzen, schlägt fehl. Wir werden dadurch keine anderen Menschen, befinden uns aber in einer neuen Situation. Anstatt als erfolgreich zu gelten, werden wir nun als Versager betrachtet, stehen auf der Verliererseite. Materieller Erfolg ist ein launisches Wesen, und man kann sich nicht auf ihn verlassen.

Kreativität

Jenen von uns, die keine künstlerische Ader besitzen, erscheinen die darstellenden Künste vielleicht als sehr lukrative Quelle des Erfolgs. Stellen Sie sich vor, Schauspieler, Musiker oder Komiker zu sein und Macht über ein ganzes Publikum zu besitzen. Aber wie heißt es doch so treffend: »Du bist immer nur so gut wie deine letzte Vorstellung.« An einem Abend treten Sie einen Beifallssturm los und am nächsten fallen Sie beim Publikum durch. Dann können Sie vielleicht den Zuschauern vorwerfen, nicht richtig mitgegangen zu sein, aber das ist es nicht allein. Wenn es ein unsicheres Geschäft gibt, dann ist es das Showgeschäft. Einmal ist man ganz oben, dann wieder tief unten, doch der Erfolg ist fließend, und in manchen künstlerischen Bereichen kann die eine wie die andere Phase sehr lange andauern.

Bilanz ziehen

An diesem Punkt regt sich in Ihnen vielleicht der Verdacht, der Weg zum Erfolg sei alles andere als einfach. Auf einen Erfolg hinzuarbeiten bedeute, über lange Zeit hart arbeiten zu müssen und nicht erwarten zu dürfen, dass er auf Dauer erhalten bleibe. Genau das trifft zu, wenn Sie an die Illusion von Erfolg glauben. Wenn Sie diesem Glauben aufsitzen, werden Sie am Ende enttäuscht sein. Die Illusion kann Ihnen nicht das geben, was Sie wirklich brauchen – die Art von Erfolg, die allzeit präsent ist und auf die man sich immer verlassen kann.

Wer zum Erfolg beiträgt

Zu den vielen falschen Vorstellungen von Erfolg gehört auch, dass es ausschließlich einem selbst überlassen sei, ob man ihn erreicht. Jeder, der irgendwann schon einmal etwas erreicht hat, kann bestätigen, dass dies falsch ist. Natürlich muss man zunächst Arbeitskraft und Intelligenz einsetzen, doch sobald man die ersten Schritte auf seinem Weg gegangen ist, ergeben sich viele Dinge von selbst, und nicht zuletzt greifen andere einem unter die Arme. Unterschätzen Sie solche Hilfe niemals, und seien Sie nicht so töricht zu denken, man könne die Unterstützung anderer als selbstverständlich betrachten.

16

Die Realität des Erfolgs

Ungeachtet dessen, was ich eben erläutert habe, hängt es ausschließlich von Ihnen ab, ob Sie Erfolg haben. Sie allein sind dafür verantwortlich, wie Sie Ihr Leben leben, und daraus entsteht echter, dauerhafter Erfolg. An jedem Tag Ihres Lebens als Erwachsener werden Sie mit Entscheidungen konfrontiert. Bei den banalsten Dingen angefangen, können wir jederzeit wählen, sei es, was wir anziehen und essen, ob wir fernsehen oder Radio hören, ob wir Zeitung lesen oder ein Buch. Wir können außerdem entscheiden, ob wir nett zu anderen sein wollen, abweisend oder sarkastisch, ob wir in unserem Tun Fairness walten lassen und ob wir Rücksicht auf andere nehmen. Wofür wir uns im Einzelnen entscheiden, hängt weitgehend davon ab, welches Bild wir von uns selbst haben.

Mit den Augen der anderen

Es heißt immer, wenn wir uns mit den Augen anderer sehen könnten, wären wir entsetzt. Es ist gut möglich, dass wir nicht richtig darüber nachdenken, wie wir im Vergleich mit anderen dastehen, abgesehen von Äußerlichkeiten, die wir abwägen: Er/sie ist besser angezogen, hat einen tollen Wagen, eine bessere Arbeit. Doch ob andere uns gut finden ist nicht immer das richtige Maß. Jemand begegnet uns vielleicht feindselig, weil wir beliebter sind oder etwas besser können. Es werden uns nicht immer alle mögen. Manchmal sind die Gründe, aus denen Menschen ihre Meinung über andere revidieren, überhaupt nicht nachvollziehbar. Es erstaunt mich immer wieder, wie es möglich ist, dass ein Fußballspieler in der einen Saison umjubelt wird, dann zu einem anderen Verein wechselt, ein Spiel gegen den alten Verein bestreiten muss und dort plötzlich mit den übelsten Schimpfwörtern bombardiert wird. Die »Fans« würden vermutlich argumentieren, er habe ihre Treue nicht mehr verdient. Aber was ist aus dem einstmaligen Wohlwollen geworden?

Gegenleistungen erwarten

Zu oft hängt unsere Sichtweise anderer Personen davon ab, was wir von ihnen bekommen. Bleiben wir bei dem Bild vom Fußballspieler: Würde er bei seinem Verein bleiben, bis er seine besten Zeiten hinter sich hat, forderten die »Fans« vermutlich lauthals seinen Verkauf. Wie steht es dann mit der Treue? Solange der Spieler Tore macht oder verhindert, ist alles wunderbar, tut er es nicht, ist er nutzlos. Im wirklichen Leben kann es sich genauso verhalten, wenn wir von anderen permanent eine Gegenleistung erwarten. Wenn wir nicht aufpassen, reduzieren wir unsere Beziehungen – zu Familienmitgliedern, Freunden und Arbeitskollegen – auf eine Reihe einseitiger Vereinbarungen. Alles hängt davon ab, ob uns jemand gibt, was wir wollen, und wenn nicht, sehen wir uns anderweitig um. Wenn wir es uns zur Gewohnheit machen, Forderungen zu stellen, verlieren wir die Fähigkeit zu Spontanität und natürlicher Freigebigkeit.

Der Weg ist das Ziel

Es kann der Fall eintreten, dass sich bei der Annäherung an ein Ziel, auf das wir enorme Energien und Emotionen verwendet haben, der Erfolg nicht in der Form einstellt, die wir ursprünglich erwartet haben. Wir sind fast unzufrieden oder enttäuscht mit dem, was uns am Ende bleibt, und fragen uns: »War das alles?« In manchen Fällen heißt es dann: »Ja!« Das Besondere am Erfolg ist, dass der Weg dorthin interessant ist und viele Belohnungen bereithält, nicht das Erfolgreichsein an sich. Fragen Sie eine beliebige Person, die auf ihrem Fachgebiet Herausragendes leistet, was das Aufregendste dabei ist, und Sie werden hören, die Arbeit daran.

Tun Sie, was Sie wollen

Alle wahrhaft erfolgreichen Menschen, die ich kenne, tun was Ihnen gefällt und leben auf die Art und Weise, die Ihren eigenen Vorstellungen entspricht. Sie haben sich nicht in einer Arbeit festgefahren, die sie hassen, oder an einen Partner gekittet, den sie verachten. Eine der Merkwürdigkeiten bei der Suche nach dem Schlüssel zum Erfolg ist, dass man dabei gezwungen wird, sich mit Dingen in seinem Leben zu befassen, die man schon vor Jahren hätte ausmustern sollen, aber liegen ließ. Es ist so einfach, mit seinen Gedanken oder Energien abzuschweifen, anstatt die

Aspekte in Angriff zu nehmen, mit denen man am unzufriedensten ist. Wie wir versuchen, Unordnung oder schlechte Stimmung zu verbergen, wenn unerwartet jemand zu Besuch kommt, neigen wir auch dazu, unsere tief liegenden Frustrationen, die mit uns selbst oder unserer Situation in Zusammenhang stehen, zu kaschieren. Gut, niemand hat es gerne, dass alle Welt von seinen persönlichsten Angelegenheiten Kenntnis erhält, doch der Akt des Vertuschens als solcher kann darauf hinweisen, dass wir nicht willens sind, unsere Probleme beim Schopf zu packen. Diese Probleme verbauen uns aber den Weg zum Erfolg.

Vermutungen entsorgen

Es ist erstaunlich einfach, bloße Vermutungen anzuhäufen und nicht zu bemerken, wie sie uns blockieren. Zu oft werden sie zu reflexartigen Reaktionen. Sie sollten sie überdenken und sich fragen, ob sie noch gültig sind. Unser Lebensentwurf kann auf ähnliche Weise fixiert sein. Sind Sie dort, wo Sie sein möchten? Wenn nicht, warum? Vielleicht fällt es Ihnen schwer, die Antworten auf diese Fragen zu finden. Wir wehren uns mit erstaunlicher Vehemenz gegen Veränderungen, selbst wenn wir sie uns tief in unserem Innersten wünschen. Das Vertraute ist bequem, so sehr wir uns auch darüber beklagen. Wie oft beurteilen Sie Ihren Standort und kommen zu der Schlussfolgerung, dass Sie nichts daran ändern können? Reißen Sie die Mauern ein, belassen Sie es nicht dabei, immer auf sie zu starren und zu glauben, sie seien zu hoch oder zu schwierig, um sie zu überwinden.

In Menschen investieren

Sie haben diesen Ausdruck bestimmt schon einmal gehört, er wird mit Vorliebe benutzt, wenn große Unternehmen der Öffentlichkeit beweisen wollen, dass sie beispielhafte Arbeitgeber sind und ein großes Herz für ihre Mitarbeiter haben. Mir ist dabei aufgefallen, dass schnell nicht mehr davon die Rede ist, in Menschen zu investieren, wenn die Zeiten wirtschaftlich angespannt sind. Auf die Angestellten zuzugehen, sich mit ihrer beruflichen Entwicklung zu beschäftigen und sie tatsächlich zu fördern, sei nicht angemessen, wenn die Firma mit dem Rücken zur Wand steht. Dieses Argument verstehe ich nicht. Natürlich sollte jeder davon Betroffene bereit sein, den Gürtel enger zu schnallen, wenn die Geschäfte rückläufig sind. Doch ein Firmenethos sollte sich dadurch nicht ändern. Ist es aufrichtig gemeint, in die Menschen investieren zu wollen, dann muss dies auch unter ungünstigen Vorzeichen gelten und deutlich engagierter durchgesetzt werden als in Firmen, die sich diesem Prinzip nicht verschrieben haben.

In Integrität investieren

In der westlichen Gesellschaft bringt man uns bei, es sei von größter Wichtigkeit, sich an die Spitze zu setzen. Und sich an die Spitze setzen heißt, der oder die »Beste« zu sein, die Nummer eins. Interessanterweise geht es nur darum, in einem sehr begrenzten Sinn, in einem ganz bestimmten Bereich, am »besten« – oder erfolgreich – zu sein. In der Geschäftswelt bedeutet das vermutlich, am meisten Geld zu verdienen und nicht, wie man immer gerne annehmen würde, das beste Produkt herzustellen oder die beste Dienstleistung anzubieten. Wie oft haben Sie schon Leute in Bezug auf geschäftliche Angelegenheiten sagen hören, es gehe darum, »zu fressen oder gefressen zu werden«, oder es werde »da draußen mit harten Bandagen gekämpft«. Das ist nichts weiter als eine Umschreibung dafür, dass alles möglich ist. Es gibt genügend Beispiele von Spitzenmanagern, Männern wie Frauen, die bereit sind zu lügen und zu betrügen, um den größtmöglichen Profit herauszuschinden. Sie brauchen dieses Geld nicht, wollen es aber haben. Das Wort »genug« gibt es in ihrem Wortschatz nicht. Jeder, der sich so verhält, verwirkt seine Aussichten auf Erfolg, denn wahrer Erfolg gründet sich auf Integrität.

In uns selbst investieren

Ganz egal, wie wir unseren Lebensunterhalt verdienen, wir müssen immer versuchen, das Richtige zu tun. Gelegentlich hören wir von Menschen, die unlautere Praktiken oder Irrtümer aufdecken. Dabei denke ich sofort an jenen amerikanischen Wissenschaftler, der in der Tabakindustrie beschäftigt war und den Beteuerungen seiner Vorgesetzten, Tabak sei nicht schädlich, widersprach. Seine Forschungen hatten ergeben, dass er es doch sei, und er wollte nicht lügen. Wenn wir auf Ungerechtigkeiten stoßen, mit ansehen, wie jemand schlecht behandelt wird oder wenn glatte Lügen aufgetischt werden, müssen wir die Kraft aufbringen, etwas dagegen zu unternehmen. Das mag sich wie ein gewaltiger Auftrag anhören, doch solange wir nicht versuchen, unseren Grundsätzen treu zu bleiben, werden wir von uns selbst enttäuscht sein und wahrer Erfolg wird sich uns entziehen.

Register

A

Alkohol 16
Anführer 44
Angst 26
Arbeit 36 f.
Aufgeschlossenheit 19 f.
Aufputschmittel 78
Auszeit 52

B

Bedauern 69 f.
Berufsberater 63
Betrüger 47 f.
Bildung 74
Bürden 16 f.

C

Churchill, Winston 22

D

Darwin, Charles 22 f.
Dawkins, Richard 85
Depressionen 26, 57
Distanz 80
Dufy, Raoul 84

E

Ego, schwaches 13
Egoismus 70, 85
Ehrgeiz 67 f.
Einstein, Albert 22
Eltern 60 ff.
Entscheidungen 67 ff., 93
Enttäuschungen 48
Erfolgsdefinition 10
Erwartungen 42 f.
Etiketten 88
Expansion 69

F

Fairness 29 f.
Familie 13, 63
Fantasie-Faktor 12
Fehler 69 f.
Frauen 32 ff.
Freizeit 64
Freunde 64
Frustration 70, 96
Fügungen 36

G

Gegenleistungen 94 f.
Gehirnwäsche 10 ff., 16 f.

Geld 12 f., 15 f., 38, 45
Gesundheit 78
Gleichgültigkeit 13
Glück 89
Grenzen, eigene 77 ff.

H

Habgier 85
Hartnäckigkeit 30
Heldenverehrung 53 f.
Herkunft 75, 89
Herzerkrankungen 27
Höflichkeit 80 f.

I

Illusion 24
Integrität 12, 97 ff.
Intelligenz 22 f., 74, 91
Intuition 58

J

Jung, Carl 35

K

Klassenbewusstsein 16
Kontakte 81
– soziale 64
Kontrollsucht 45 f.
Konzentration 52
Körper 78 f.
Kräfte, natürliche 31

Kreativität 90 f.
Krebs 27
Krisenbewältigung 87 ff.

L

Lächeln 84
Leistungsfähigkeit 23 f., 79
Loslassen 71

M

Macht 29
Männer 32 ff.
Maßstäbe 18, 22, 31, 33
Menschenverstand, gesunder 23
Messlatte 41 ff.
Minderwertigkeitskomplexe 27
Mitläufer 44
Motivation 13, 13, 45, 54, 57
Müdigkeit 26

N

Nutzen 90

P

Partnerschaft 51 f.
Pessimismus 57 f.
Potenzial 21 ff.
Programmierung 62 f.

R

Rauchen 16 ff., 30, 41, 78
Realität 20, 26, 55, 88, 93 ff.
Reichtum 10, 15, 19
Richtungsfestlegung 83 ff.
Ruhepausen 83
Ruhm 10, 15, 19, 24

S

Schattendasein 62
Schicksal 36
Schuldgefühle 42
Schwierigkeiten 59
Selbstbestimmung 21 f.
Selbstbewusstsein 23
Selbstgefälligkeit 70
Selbstlosigkeit 63
Selbstvertrauen 30 f., 34, 42, 60, 69, 73 f.
Status 27, 33, 90
Stil, eigener 43
Stress 27

T

Talent 13, 88
Träume 55
– heutige 32
– vergangene 31 f.

U

Überflieger 79
Unwissenheit 16 f.
Unzufriedenheit 18, 54, 70

V

Veranlagung, natürliche 54
Verantwortung 31
Verhalten 29
Vermutungen 96
Vorbilder 53

W

Widrigkeiten 38 f.
Wille, freier 37
Willenskraft 30
Wohlfühlfaktor 27

Z

Ziel 26, 45 f., 48 f., 51, 55, 59, 68, 89, 95
– -findung 25 ff.
– -fixierung 24
– -setzung 25
Zukunft 21 f.
Zurückweisung 13
Zwänge, gesellschaftliche 43

Easyway-Nichtraucherseminare

Die Nichtraucherseminare nach der Methode von Allen Carr stellen eine ideale Ergänzung dar, wenn Sie das Gefühl haben, zwar alles zu verstehen, aber die Umsetzung Schwierigkeiten bereitet. Sie können ein Seminar auch begleitend besuchen, wenn Sie Ihre Erfolge festigen wollen. Oder alternativ, wenn Sie eine persönliche Betreuung wünschen. Allen Carr´s Easyway Nichtraucherseminare dauern nur einmalig sechs Stunden und beinhalten eine Geld-zurück-Garantie. Sie werden seit 1993 mit sehr großem Erfolg im deutschsprachigen Raum durchgeführt. Ab dem Jahr 2003 werden die Easyway-Seminare vom Bundesverband der Betriebskrankenkassen als Präventionsmaßnahme nach § 20 Abs. 1 SGBV empfohlen. BKK-Versicherte erhalten auf Nachfrage einen Zuschuss zum Seminar von ihrer Kasse.

Kontaktieren Sie uns

Unverbindliche und kostenlose Informationen über die Seminare, Standorte und Termine erfahren Sie unter den kostenfreien Hotline-Nummern:

Deutschland:
08000-7282436
R A U C H E N

Österreich/Schweiz:
0800-7282436
R A U C H E N

Allen Carr's Easyway Deutschland
Kirchenweg 41, D-83026 Rosenheim
Tel.: +49/(0)8031/901 90-0
Fax: +49/(0)8031/901 90-90
e-mail: info@allen-carr.de **www.allen-carr.de**

Allen Carr's Easyway Österreich
Triesterstraße 42, A-8724 Spielberg
Tel.: +43/(0)3512/44755
Fax: +43/(0)3512/44755-14
e-mail: info@allen-carr.at, **www.allen-carr.at**

Allen Carr's Easyway Schweiz
Schöntalstraße 30, CH-8486 Rikon-Zürich
Tel.: +41/(0)52/3833773
Fax: +41/(0)52/3833774
e-mail: info@allen-carr.ch **www.allen-carr.ch**

Leicht und einfach aufhören

Keine „Aversionstherapie", kein NLP, keine Hypnose oder Akupunktur, keine Hilfsmittel wie Nikotinpflaster oder Kaugummis. Wir erzählen Ihnen auch nicht, dass Rauchen gesundheitsschädlich ist oder ein Vermögen kostet – das wissen Sie bereits. Die Allen Carr Methode lässt Sie erkennen, weshalb Sie rauchen, warum es bisher so schwer war, damit aufzuhören und wie Sie ganz einfach für den Rest Ihres Lebens damit Schluss machen können. Jeder Easyway-Trainer hat mit dieser Methode das Rauchen beendet. Nur wer selbst geraucht hat, kann verstehen, was Sie fühlen.

Ein 6-stündiger Kurs – das war´s?

Für die meisten Teilnehmer reichen tatsächlich diese 6 Stunden, um für immer Nichtraucher zu sein. Und das ohne Entzugserscheinungen. Und sollte es nicht gleich klappen, bieten wir Ihnen zwei kostenlose Aufbauseminare, die Sie zum Ziel führen.

Geld-zurück-Garantie

Den Betrag, den ein durchschnittlicher Raucher in drei Monaten für Zigaretten ausgibt, investieren Sie in ein Easyway Nichtraucherseminar und Sie sind für immer frei. Sollte es beim ersten Mal nicht klappen, bieten wir Ihnen zwei kostenlose Aufbauseminare. Sollten alle drei Seminare innerhalb von drei Monaten erfolglos sein, bekommen Sie mit unserer Geld-zurück-Garantie Ihre gesamte Kursgebühr zurück. Sie sehen, Sie haben nichts zu verlieren.

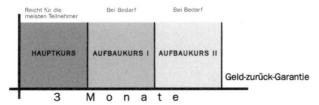

Drei gute Gründe für Easyway-Nichtraucherseminare

Anerkannt

In Deutschland wird Easyway vom Bundesverband der Betriebskrankenkassen empfohlen. Über 500 Unternehmen aus dem deutschsprachigen Raum wie IBM, Daimler Chrysler, Henkel, Siemens, Voest Alpine, ÖAMTC uvm. setzen Easyway erfolgreich für die Gesundheit ihrer Mitarbeiter ein.

Kompetent

Alle Easyway-Trainer waren selbst Raucher und verstehen, was Sie fühlen. Sie haben das Laster am eigenen Leib miterlebt. Das Trainerteam besteht aus erfahrenen Praktikern, darunter Ärzte, Psychologen und Pädagogen. Zusätzlich werden alle Easyway-Trainer intensiv von uns ausgebildet.
Auch nach dem Kurs sind wir für Sie da. Als Seminar-Teilnehmer steht Ihnen unsere Trainerhotline zur Verfügung.

Erfolgreich

Mehrere Millionen Raucher auf der ganzen Welt haben Easyway bereits kennen gelernt. Der Erfolg der Methode wird inzwischen durch eine umfangreiche wissenschaftliche Studie bestätigt.
Seit 1993 gibt es Easyway auch im deutschsprachigen Raum. Inzwischen finden regelmäßig Kurse in fast jeder größeren Stadt in Deutschland, Österreich und der Schweiz statt.

G U T S C H E I N

Wenn Sie sich für ein Allen-Carr-Seminar anmelden und bei der Anmeldung unter dem Stichwort „Carr-Leser" folgende Frage richtig beantworten, dann erhalten Sie einen Nachlass von

EUR 10,-/SFR 20,-

auf den Seminarpreis.

Frage: Welche Nationalität hat Allen Carr?

Einfach Nichtraucher

Feedback

Wir freuen uns immer, wenn es wieder ein Raucher geschafft hat, sich aus der Nikotinfalle zu befreien. Sie haben wirklich etwas Großartiges erreicht. Wir würden diese Freude gerne mit Ihnen teilen und ein Feedback von Ihnen erhalten. Senden Sie uns doch bitte unten stehenden Abschnitt an folgende Adresse:

Allen Carr´s Easyway Deutschland
Erich Kellermann
Kirchenweg 41
D-83026 Rosenheim

Liebes Allen-Carr-Team,
HURRA, ICH BIN NICHTRAUCHER!

Name:

Adresse:

Bemerkungen:

Allen Carr's Easyway International

AUSTRALIEN
Website: www.allencarr.com.au

Melbourne
> *Trudy Ward*
Tel.: 03 9894 8866;
Fax: 03 8812 2030
E-Mail: vic@allencarr.com.au

Sydney
> *Natalie Clays*
Tel. & Fax: 1300 785180
E-Mail: nsw@allencarr.com.au

BELGIEN
Website: www.allencarr.be

Antwerpen
> *Dirk Nielandt*
Tel.: 03 281 6255;
Fax: 03 744 0608
E-Mail: easyway@dirknielandt.be

DÄNEMARK
Website: www.easyway.dk

Kopenhagen
> *Mette Fonss*
Tel.: 519 03 536
E-Mail: mette@easyway.dk

ECUADOR

Quito
> *Ingrid Wittich*
Tel. & Fax: 02 2820 920
E-Mail: toisan@pi.pro.ec

FRANKREICH
Website: www.allencarr.fr
Freephone: 0800 FUMEUR

Marseille
> *Eric Serre*
Tel.: 0491 33 54 55
E-Mail: info@allencarr.fr

Karibik, Guadelupe, Antillen
> *Fabiana de Oliveira*
Tel.: 05 90 84 95 21
E-Mail: allencaraibes@wanadoo.fr

GROSSBRITANNIEN
Website: www.allencarrseasyway.com
Helpline: 0906 604 0220
Freephone: 0800 389 2115

London
> *John Dicey, Sue Bolshaw,*
> *Sam Carroll, Colleen Dwyer,*
> *Crispin Hay, Jenny Rutherford*
Tel.: 020 8944 7761
Fax: 020 8944 8619
E-Mail: postmaster@allencarr.demon.co.uk

Birmingham
> *John Dicey, Colleen Dwyer,*
> *Crispin Hay*
Tel. & Fax: 0121 423 1227
E-Mail: easywayadmin@tiscali.co.uk

Bournemouth & Southhampton
> *John Dicey, Colleen Dwyer*
Tel. & Fax: 01425 272757

Brighton
> *John Dicey, Colleen Dwyer*
Tel.: 0800 028 7257

Bristol & Swindon
Website: www.easywaybristol.co.uk
Website (bei Gewichtsproblemen):
www.evagray.net
> *Charles Holdsworth-Hunt*
Tel.: 0117 950 1441
E-Mail: stopsmoking
@easywaybristol.co.uk
> *Eva Gray*
(bei Gewichtsproblemen)
Freephone: 0800 804 6796
E-Mail: eva@evagray.net

**Buckinghamshire
(High Wycombe,
Oxford & Aylesbury)**
Website: www.easywaybucks.co.uk
> *Kim Bennett*
Tel.: 0800 0197 017
E-Mail: kim@easywaybucks.co.uk

Exeter
Website: www.easywayexeter.co.uk
> *Charles Holdsworth-Hunt*
Tel.: 0117 950 1441
E-Mail: stopsmoking
@easywayexeter.co.uk

Kent
> *Angela Jouanneau*
Tel.: 01622 832 554
E-Mail: easywaykent
@yahoo.co.uk

Manchester
Website:
www.easywaymanchester.co.uk
Website (bei Gewichtsproblemen):
www.evagray.net
Freephone: 0800 804 6796
> *Rob Groves*
E-Mail: stopsmoking
@easywaymanchester.co.uk
> Eva Gray
E-Mail: eva@evagray.net

Nordirland
Website: www.easywayni.com
> *Ciara Orr*
Tel.: 0800 587 5212
E-Mail: ciara@easywayni.com

North East
Website: www.easyway
northeast.co.uk
> *Tony Attrill*
Tel. & Fax: 0191 581 0449
E-Mail:
info@stopsmoking-uk.net

Reading
> *John Dicey, Colleen Dwyer*
Tel.: 0800 028 7257

Schottland
Website:
www.easywayscotland.co.uk
> *Joe Bergin*
Tel.: 0845 450 1375
E-Mail: info
@easywayscotland.co.uk

Südwales (Cardiff & Swansea)
Website:
www.easywaycardiff.co.uk
> *Charles Holdsworth-Hunt*
Tel.: 0117 950 1441
E-Mail: stopsmoking
@easywaycardiff.co.uk

Staines & Heathrow
> *John Dicey, Colleen Dwyer*
Tel.: 0800 028 7257

Yorkshire
Website: www.easyway
yorkshire.co.uk
Website (bei Gewichtsproblemen):
www.evagray.net
Freephone: 0800 804 6796
> *Rob Groves*
(bei Gewichtsproblemen)
E-Mail: stopsmoking
@easywayyorkshire.co.uk
> *Eva Gray*
E-Mail: eva@evagray.net

IRLAND
Website: www.easyway.ie

Dublin & Cork
> *Brenda Sweeney*
Tel.: 01 494 9010; Fax: 01 495 2757
E-Mail: info@allencarr.ie

ISLAND

Reykjavik
> *Petur Einarsson*
Tel.: 553 9590
Fax: 588 7060
E-Mail: easyway@easyway.is

ITALIEN

Mailand
Website: www.easywayitalia.com
> *Francesca Cesati*
Tel. & Fax: 02 7060 2438
Mobil: 0348 354 7774
E-Mail: info@easywayitalia.com

JAPAN
Website: www.allen-carr.jp

Tokyo
> *Miho Shimada*
Tel.: 0081 3 3507 4020
Fax: 0081 3 3507 4022
E-Mail: info@allen-carr.jp

KANADA
Website:
www.allencarrseasyway.ca
Helpline: 1866 666 4299
> *Nicole Garga*
Tel.: 905 8497736
E-Mail:
nicoleg@allencarrseasyway.ca

KOLUMBIEN
Website:
www.esfacildejardefumar.com

Bogota
> *Jose Manuel Duran*
Tel.: 571 2365794
oder 571 5301802
E-Mail:
info@esfacildejardefumar.com

MAURITIUS
Tel.: 00230 727 5103
> *Heidi Houreau*
E-Mail:
allencarrmauritius@yahoo.com

MEXIKO
Website: www.allencarrmexico.com
> *Jorge Davo*
Tel.: 05255 2623 0631
E-Mail: info
@allencarrmexico.com

NEUSEELAND
Website: www.easywaynz.co.nz

Auckland
> *Vickie Macrae*
Tel.: 09 626 5390
Mobil: 027 4177077
E-Mail: vickie@easywaynz.co.nz

Christchurch
> *Maria Roe*
Tel.: 021 737810
E-Mail: easyway@allencarr.co.nz

NIEDERLANDE
Website: www.allencarr.nl

Amsterdam
> *Eveline de Mooij*
Tel.: 020 465 4665
Fax: 020 465 6682
E-Mail: amsterdam@allencarr.nl

Nijmegen
> *Jacqueline van den Bosch*
Tel.: 024 336 03305
E-Mail: nijmegen@allencarr.nl

Rotterdam
> *Kitty van't Hof*
Tel.: 010 244 0709
Fax: 010 244 07 10
E-Mail: rotterdam@allencarr.nl

Utrecht
> *Paula Rooduijn*
Tel.: 035 602 94 58
E-Mail: soest@allencarr.nl

NORWEGEN
Website: www.easyway-norge.no

Oslo
> *Laila Thorsen*
Tel.: 22 43 41 00
Fax: 22 43 40 99
E-Mail: post@easyway-norge.no

POLEN

Warschau
> *Anna Kabat*
Tel.: 22 621 36 11
E-Mail: annakabat@hotmail.com

PORTUGAL
Website: www.comodeixardefumar.com

Oporto
> *Ria Slof*
Tel.: 22 9958698
E-Mail: info@comodeixardefumar.com

SLOWAKEI & TSCHECHIEN
> *Leo Baier*
E-Mail: a.baier@easyway-sk-cz.com

SPANIEN
Website: www.comodejardefumar.com

Madrid & Barcelona
> *Geoffrey Molloy, Rhea Sivi*
Tel.: 902 10 28 10
Fax: 942 83 25 84
E-Mail: easyway@comodejardefumar.com

SÜDAFRIKA
Website: www.allencarr.co.za
Helpline: 0861 100 200

Kapstadt
> *Dr. Charles Nel*
Tel.: 021 851 5883
Mobil: 083 600 5555
E-Mail: easyway@allencarr.co.za

Pretoria
> *Dudley Garner*
Tel.: 084 327 9929
E-Mail: info@allencarr.co.za

TÜRKEI
Website:
www.allencarrturkiye.com
Tel.: 0090 212 3585307
E-Mail: info
@allencarrturkiye.com

USA
Website: www.allencarrusa.com
Helpline: 1 866 666 4299
E-Mail: info@allencarrusa.com